# Der Arzt in der Wirtschaft

Christian Renner

# Der Arzt in der Wirtschaft

## Den Wechsel erfolgreich vorbereiten und durchführen

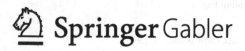

Dr. Christian Renner
München, Deutschland

ISBN 978-3-658-07058-8          ISBN 978-3-658-07059-5 (eBook)
DOI 10.1007/978-3-658-07059-5

Die Deutsche Nationalbibliothek verzeichnet diese Publikation in der Deutschen National-
bibliografie; detaillierte bibliografische Daten sind im Internet über http://dnb.d-nb.de abrufbar.

Springer Gabler
© Springer Fachmedien Wiesbaden 2016

Gedruckt auf säurefreiem und chlorfrei gebleichtem Papier

Springer Gabler ist Teil von Springer Nature
Die eingetragene Gesellschaft ist Springer Fachmedien Wiesbaden GmbH

# Vorwort

Es fällt auf, dass es bislang noch keine größere Publikation von Ärzten für Ärzte in der Wirtschaft gibt. Dies steht in deutlichem Widerspruch dazu, dass eine Beschäftigung in der Wirtschaft nach meiner Erfahrung von Ärzten häufig mit Interesse thematisiert wird.

Vor diesem Hintergrund und auch aufgrund der vielen Gespräche mit klinisch tätigen Kollegen entstand die Idee, über meine Tätigkeit in der Industrie zu berichten, um diesen Kollegen den Zugang zum Thema zu erleichtern.

Das vorliegende Buch ist geeignet, Ärzten, aber auch Medizinstudenten eine Vorstellung darüber zu vermitteln, was auf sie zukommen könnte, sollten sie sich für eine Laufbahn in der Industrie entscheiden.

Denn viele Mediziner spielen mit dem Gedanken, sich ein alternatives Berufsfeld zum unmittelbaren Dienst am Patienten zu suchen. Gründe hierfür gibt es zahlreiche. Die meisten Ärzte wagen diesen Schritt jedoch nicht, was wiederum mannigfaltige Ursachen hat. Viele sehen zwar die möglichen Vorteile, aber es herrschen auch Unsicherheiten darüber, was einen Arzt in der Industrie erwartet und ob er dann überhaupt noch ärztlich tätig sein kann. Auch ist häufig unklar, wie ein Arzt sich am besten auf einen solchen Wechsel vorbereitet.

Dieses Buch soll denjenigen Kollegen helfen, die offen sind für einen Wechsel in die Industrie, und aufzeigen, welche Einstiegsmöglichkeiten es gibt, wie sich am besten vorbereitet werden kann und wie nach diesem Schritt die besten Ergebnisse erzielt werden.

Gleichzeitig soll das Buch auch Unternehmen in der Medizinbranche nutzen, die Leistungsfähigkeit von Ärzten realistisch einzuschätzen, und darlegen, wie das weitreichende Potenzial eines Arztes optimal genutzt und gefördert werden kann.

Die vorliegende Publikation richtet sich also sowohl an Ärzte und Medizinstudenten als auch an Verantwortliche in medizinischen Unternehmen, die Ärzte ein-
stellen wollen oder bereits in ihrem Unternehmen beschäftigen, sowie allgemein
an zukünftige oder ehemalige MBA-Studenten.

Aus Gründen der Lesbarkeit wurde auf eine geschlechterberücksichtigende
Formulierung (z. B. Ärzte/-innen) verzichtet. Selbstverständlich sollen mit diesem Buch beide Geschlechter angesprochen werden, und es wird darum gebeten, im Geiste jeweils die Formulierung für das nicht erwähnte Geschlecht
hinzuzufügen.

Ganz besonders möchte ich an dieser Stelle all denjenigen danken, die mich
bei der Erstellung dieses Buches unterstützt haben.

Ich wünsche dem Leser viel Spaß und würde mich freuen, wenn sich der eine
oder andere durch dieses Buch animiert fühlt, sich in Theorie und Praxis intensi-
ver mit dem Bereich der Medizin in der Wirtschaft zu beschäftigen.

Dr. Christian Renner

# Inhaltsverzeichnis

# Die Interessengruppen im deutschen Gesundheitssystem

1

## 1.1 Der Stellenwert des deutschen Gesundheitssystems im internationalen Vergleich

Man kann viel Gutes über das deutsche Gesundheitssystem sagen, nur nicht, dass es sonderlich effektiv ist.

Nahezu jeder Bürger ist versichert. Man braucht – zumindest offiziell – keine Angst davor zu haben, dass eine Erkrankung oder die Folgen eines Unfalls unbehandelt bleiben müssen, weil die notwendige Finanzierung nicht möglich ist. Jeder hat Zugang zu einer ärztlichen Versorgung. Die Versorgung im Krankheitsfalle ist umfassend und mancher Patient genießt vielleicht sogar den Krankenhausaufenthalt, da er hier doch einen Komplettservice wie in einem All-inclusive-Hotel erhält.

Die Medizin, die von den Ärzten in Deutschland betrieben wird, ist weltweit hoch angesehen, was dazu führt, dass wohlhabende Patienten aus Regionen wie Russland, Mittlerer Osten, Indien etc. medizinische Versorgungsreisen nach Deutschland unternehmen. So schreibt die Zeitung „Die Welt", dass im Jahr 2012 200.000 ausländische Patienten zur Behandlung nach Deutschland kamen und deutsche Krankenhäuser zwei Milliarden Euro Umsatz im Jahr mit ausländischen Patienten machen, die nur für diesen Zweck nach Deutschland anreisen. Allein die Zahl der arabischen Patienten hat sich seit 2000 verdreifacht [1].

Deutsche Ärzte sind auf internationalen Kongressen sehr geschätzt, da die Forschung in Deutschland einen hohen Stellenwert hat. Die Weltgesundheitsorganisation (WHO) betreibt eine „International Clinical Trials Registry Platform (ICTRP)" [2]. Bei diesem weltweiten Registry liegt die Anzahl von Studien aus Deutschland an vierter Stelle nach USA, UK und Japan (Tab. 1.1).

© Springer Fachmedien Wiesbaden 2016
C. Renner, *Der Arzt in der Wirtschaft*,
DOI 10.1007/978-3-658-07059-5_1

**Tab. 1.1** Top-10-Länder; prozentualer Beitrag von Studien im WHO ICTRP (Stand Juni 2015)

| Rang | Land | (%) |
|------|------|-----|
| 1. | United States of America | 22,2 |
| 2. | United Kingdom | 5,6 |
| 3. | Japan | 5,5 |
| 4. | Germany | 5,3 |
| 5. | Canada | 3,8 |
| 6. | France | 3,8 |
| 7. | Netherlands | 3,4 |
| 8. | Italy | 3,2 |
| 9. | Australia | 3,2 |
| 10. | China | 3,2 |

Die Kapazitäten an Krankenhausbetten und Operationsmöglichkeiten in Deutschland sind extrem großzügig. Laut der „Welt" kamen 2011 auf 1000 Einwohner mehr als 8 Klinikbetten [3]. Deutschland ist damit Spitzenreiter in Europa. Auch werden in Deutschland europaweit die meisten Operationen durchgeführt.

Doch um Effizienz zu beurteilen, muss auch beleuchtet werden, ob die Kosten-Nutzen-Gleichung stimmt.

Es dürfte klar sein, dass ein hoch entwickeltes Gesundheitssystem auch Kosten verursacht. Somit ist es nicht verwunderlich, dass Deutschland, bei all dem medizinischen Service, den es bietet, das drittgrößte Budget in Europa für das Gesundheitssystem aufbringt [4].

Doch was kommt davon bei den Serviceleistern und Servicenehmern (Patienten) an?

„Die Welt" beruft sich auf eine von KMPG angefertigte Studie und fasst zusammen:

- Die Ausgaben für das Gesundheitssystem beliefen sich 2011 auf 294 Mrd. Euro oder 11,3 % der Wirtschaftsleistung.
- Bei der Auswertung der Behandlungsergebnisse zeigt das Beispiel von Brustkrebs und Gebärmutterkrebs, dass trotz dieser hohen Behandlungskosten 1/3 mehr Patientinnen in Deutschland versterben als etwa in Spanien.
- Auch bei der Behandlung von Herzinfarkt schneiden Patienten in Deutschland besonders schlecht ab.

- Deutschland erreicht im Kosten-Nutzen-Index, den KMPG erstellt hat, Rang 17 von 24.

Mit diesem Missverhältnis zwischen Kosten und Ergebnis stellt sich die Frage, wo denn das viele Geld bleibt. Der Verwaltungsapparat im deutschen Gesundheitssystem erscheint besonders groß und wir werden ihn daher im nächsten Abschnitt näher betrachten.

## 1.2 Aufbau der Verwaltung im deutschen Gesundheitssystem

Pauschal betrachtet dient die Verwaltung in einem Gesundheitssystem der Erhebung und Verteilung der Ressourcen. Die medizinische Leistung wird nicht durch die Verwaltung erbracht, jedoch die Kostenerstattung hierfür. Somit ist die Hauptaufgabe der Verwaltung die Finanzierung des Systems. International gibt es unterschiedliche Finanzierungssysteme, je nachdem, wer der Träger des Systems ist.

### 1.2.1 Überblick über Finanzierungssysteme im Gesundheitssystem

Gesundheitssysteme sind historisch geprägt, da sie in der Vergangenheit entstanden sind und sich durch Modifikationen zu dem heutigen Istzustand entwickelt haben. Hierbei spielen Faktoren eine Rolle wie das Zusammenwirken verschiedener Berufsgruppen, Einrichtungen, Aufgabenverteilung und Finanzierung [5], die zu der Entwicklung beigetragen haben. Leider haben diese Prägungen die Tendenz, besonders zählebig zu sein und daher weiterzuexistieren, obwohl sie nicht mehr zeitgemäß sind.

Ein wichtiges Kriterium für sämtliche Dienstleistungen, also auch für ein Gesundheitssystem, ist die Finanzierung.

In diesem Zusammenhang sind die folgenden Finanzierungssysteme zu unterscheiden [5]:

- Staatlich
  - Beispiele: Großbritannien, Schweden, Dänemark, Irland, Griechenland, Spanien, Italien
- Sozial
  - Staatlich regulierte und beaufsichtigte Versicherungssysteme

- Beispiele: Deutschland, Österreich, Frankreich, Niederlande, Belgien, Luxemburg, Japan
- Marktwirtschaftlich
  - Privatwirtschaftliche Versicherungssysteme
  - Beispiel: USA

In staatlich organisierten Systemen erfolgt die Finanzierung der medizinischen Versorgung über Steuermittel. Ein Teil des Einkommens der Bürger wird hierfür abgeführt. Dafür ist, wie das Beispiel Großbritannien zeigt, jeder Einwohner unabhängig von seinem Einkommen oder seiner Nationalität versichert und kann im Bedarfsfall medizinische Leistungen in Anspruch nehmen. Der Staat übernimmt weitreichende Steuerungsfunktionen wie z. B. die Einschränkung der freien Arztwahl durch die Verpflichtung zum Einschreiben bei einem Hausarzt. Leistungen werden als Sachleistungen erbracht, was bedeutet, dass der Patient Leistungen erhält, jedoch in deren Finanzierung nicht involviert ist.

In sozialen Systemen beauftragt der Staat Versicherungsgesellschaften mit der Finanzierung. Dies wird als Korporatismus bezeichnet. Das Versicherungssystem ist staatlich reguliert. Die Verteilung der Ressourcen und die Erhebung der Beiträge werden als „solidarisch" bezeichnet. Damit ist gemeint, dass jeder zahlt, was er kann, und erhält, was er braucht. Leistungen werden als Sachleistungen erbracht. Der Staat reguliert den Beitragssatz für die Versicherung.

In privatwirtschaftlichen Systemen wird der Versicherungsbeitrag vom Risiko und nicht von den Einkünften der versicherten Person abhängig gemacht. Es gilt das Kostenerstattungsprinzip, der Patient muss die Kosten für die medizinische Leistung vorstrecken und bekommt sie entsprechend seiner Versicherung ganz oder teilweise erstattet. Der Patient hat freie Arztwahl.

## 1.2.2 Grundzüge der gesetzlichen Krankenversicherung (GKV) und privaten Krankenversicherung (PKV)

Die gesetzlichen Krankenversicherungen (GKV) sind die wichtigsten Kostenträger des deutschen Gesundheitssystems. 90 % der Bevölkerung sind gesetzlich versichert und 60 % der Gesamtausgaben erfolgen über die GKV.

### 1.2.2.1 Gesetzliche Krankenversicherung (GKV)

Das System der GKV folgt dem sogenannten Solidarprinzip. Das bedeutet, jeder bezahlt, was er kann, und bekommt, was er braucht. Der Zugang zur medizinischen Versorgung orientiert sich lediglich an der Bedürftigkeit, nicht am finanziellen Vermögen.

Die gesetzliche Krankenversicherung wurde 1883 unter Reichskanzler Otto von Bismarck gegründet. Die rechtliche Grundlage ist im Fünften Buch Sozialgesetzbuch verankert (SGB V). Als Leistungen der GKV werden Sach- und Dienstleistungen aufgeführt.

Die GKV ist eine Pflichtversicherung für alle abhängig Beschäftigten, Auszubildenden, Arbeitslosen, Land- und Forstwirte, Künstler, Rentner und Studenten. Familienangehörige werden, falls sie kein eigenes Einkommen haben, kostenlos mitversichert.

Der Versicherungsbeitrag wird direkt vom Einkommen abgezogen, wobei der Arbeitgeber anteilig Beitrag zuzahlt. Die Höhe des Versicherungsbeitrags wird vom Staat festgesetzt. Ab einer gewissen Einkommenshöhe (Versicherungspflichtgrenze oder Beitragsbemessungsgrenze) wird der Beitrag nicht weiter erhöht und die Versicherungspflicht endet. Der Versicherte kann jedoch freiwillig weiter bei der GKV versichert bleiben.

Vertragspartner für medizinische Leistungen sind für die GKV im ambulanten Bereich die Kassenärztlichen Vereinigungen, die dann die Verteilung der Finanzmittel an die Vertragsärzte übernehmen (siehe Abschn. 1.2.4.3 Kassenärztliche Vereinigung), und im stationären Bereich die Krankenhäuser.

In Deutschland sind im 1. Quartal 2014 132 GKVen gelistet [6]. Die relativ hohe Anzahl der GKVen ist historisch bedingt, da zu Beginn jede Zunft und jeder Stand seine eigene GKV hatte.

Seit 1992 ist die Anzahl der GKVen von 1223 auf den heutigen Stand zurückgegangen.

Derzeit werden die GKVen nach sechs Kassenarten unterschieden:

- Ortskrankenkassen
- Betriebskrankenkassen
- Innungskrankenkassen
- Ersatzkassen
- Landwirtschaftliche Krankenkassen
  Krankenkasse Knappschaft-Bahn-See

Durch die Zugehörigkeit zu der jeweiligen Kassenart entstehen Verbände, welche die Verhandlungen mit den Leistungserbringern übernehmen.

Seit 1992 gibt es die freie Kassenwahl, die mit dem Gedanken eingeführt wurde, dass Wettbewerb unter den Kassen die Qualität steigere. Um diesen Wettbewerb im derzeitigen System zu ermöglichen, wurde der

Risikostrukturausgleich (RSA) (siehe Abschn. 1.4.5) geschaffen. Er wurde 1994 durch den morbiditätsorientierten Risikostrukturausgleich (Morbi-RSA) reformiert, der auch als Gesundheitsfonds bekannt ist. Im Groben ergänzt er den RSA um 80 besonders belastende Krankheiten, für die die Krankenkasse einen besonderen Ausgleich aus dem Fonds erhält.

Grundgedanke des RSA ist, dass Versicherungen mit einer ungünstigeren Versichertenpopulation für das erhöhte Risiko einen Ausgleich von Kassen mit einem günstigeren Profil erhalten. Dies soll verhindern, dass Kassen einen Wettbewerb um günstigere Patienten führen.

### 1.2.2.2  Medizinischer Dienst der Krankenkassen (MDK)

Zur Unterstützung der Krankenkassen hat der Gesetzgeber den medizinischen Dienst der Krankenversicherung (MDK) geschaffen, der in jedem Bundesland in Trägerschaft der Landesverbände der Krankenkassen bzw. der Verbände der Ersatzkassen besteht. Auf Bundesebene ist der Medizinische Dienst des Spitzenverbandes als Bund der Krankenkassen e. V. (MDS) tätig.

Der MDK erfüllt zahlreiche Begutachtungsaufgaben und erarbeitet Stellungnahmen zu Leistungsansprüchen einzelner Versicherter an die Kassen. Anlässe für Einzelfallbegutachtungen durch den MDK sind beispielsweise lang dauernde Arbeitsunfähigkeiten von Kassenmitgliedern, die Begutachtung der Notwendigkeit von Rehabilitationsmaßnahmen oder häuslicher Krankenpflege. Das Gesetz verpflichtet die Kassen in bestimmten Fällen, eine Stellungnahme des MDK einzuholen.

Darüber hinaus unterstützt der MDK die Kassen bei übergreifenden Fragen, die medizinischen Sachverstand erfordern (z. B. Qualitätssicherung, Krankenhausplanung, Wirksamkeit neuer Behandlungsverfahren).

### 1.2.2.3  Medizinischer Dienst der Spitzenverbände der Krankenkassen (MDS)

Auf Bundesebene ist der Medizinische Dienst der Spitzenverbände der Krankenkassen (MDS) tätig. Seine Aufgaben liegen vor allem im Bereich der Beratung der Spitzenverbände bei übergreifenden Belangen. Beispiele sind die Weiterentwicklung des Vergütungssystems, die Beurteilung von Medizinprodukten sowie die Mitwirkung an der Beurteilung neuer Behandlungsmethoden.

Auch die Überprüfung von Anträgen aus Leistungen der Pflegeversicherung und die Qualitätssicherung der Pflegeeinrichtungen gehören in seine Zuständigkeit.

### 1.2.2.4 Private Krankenversicherung (PKV)

Die private Krankenversicherung (PKV) steht für alle privatrechtlichen Versicherungsgesellschaften, die eine Absicherung gegen Krankheitskosten anbieten.

Zugang zur PKV haben abhängig Beschäftigte nur, wenn sie über einer gewissen Einkommensgrenze liegen. Diese Grenze wird als Beitragsbemessungsgrenze bezeichnet. Selbstständige, Freiberufler und Beamte können sich ebenfalls bei der PKV versichern, da sie keinen Zugang zur GKV haben.

Familienmitglieder sind nicht automatisch mitversichert.

Ein Vertragsverhältnis zwischen dem Leistungserbringer (Arzt) und der Versicherung ist nicht notwendig. Der Versicherte ist selber Vertragspartner für den Arzt.

Es gilt das Kostenerstattungsprinzip. Der Patient ist zunächst für die Vergütung des medizinischen Leistungserbringers selbst verantwortlich und kann dann die Rechnung bei der PKV zur Kostenerstattung vorlegen [7].

Während die GKV auf dem Solidarprinzip beruht, besteht bei der PKV das Äquivalenzprinzip. Das heißt, die Beiträge werden nicht entsprechend dem Einkommen des Versicherungsnehmers, sondern entsprechend seinem Risikoprofil bestimmt. Auch im Leistungsspektrum gibt es in der PKV Wahlmöglichkeiten. Einzel- oder Zweibettzimmer oder Chefarztbehandlung im Krankenhaus sind nur einige Beispiele.

### 1.2.2.5 Berufsgenossenschaftliche Versicherung

Die berufsgenossenschaftliche Versicherung wurde 1885 ins Leben gerufen. Ihre Rechtsgrundlage ist im SGB VII fixiert.

Es handelt sich hierbei um eine gesetzliche Unfallversicherung für die Unternehmen der deutschen Privatwirtschaft und ihre Beschäftigten. Die Berufsgenossenschaften haben die Aufgabe, Arbeitsunfälle und Berufskrankheiten sowie arbeitsbedingte Gesundheitsgefahren zu verhüten. Beschäftigte, die einen Arbeitsunfall erlitten haben oder an einer Berufskrankheit leiden, werden durch die Berufsgenossenschaften medizinisch, beruflich und sozial rehabilitiert. Darüber hinaus obliegt es den Berufsgenossenschaften, die Unfall- und Krankheitsfolgen durch Geldzahlungen finanziell auszugleichen.

Derzeit gibt es die Sozialversicherung für Landwirtschaft, Forsten und Gartenbau (SVLFG) sowie neun gewerbliche Berufsgenossenschaften:

- Berufsgenossenschaft der Bauwirtschaft (BG BAU)
- Berufsgenossenschaft Handel und Warendistribution (BGHW)
- Berufsgenossenschaft Energie Textil Elektro Medienerzeugnisse (BG ETEM)

- Verwaltungs-Berufsgenossenschaft – Berufsgenossenschaft der Banken, Versicherungen, Verwaltungen, freien Berufe, besonderen Unternehmen, Unternehmen der keramischen und Glas-Industrie sowie Unternehmen der Straßen-, U-Bahnen und Eisenbahnen (VBG)
- Berufsgenossenschaft Rohstoffe und Chemische Industrie (BG RCI)
- Berufsgenossenschaft für Transport und Verkehrswirtschaft (BG Verkehr)
- Berufsgenossenschaft Nahrungsmittel und Gastgewerbe (BGN)
- Berufsgenossenschaft Holz und Metall (BGHM)
- Berufsgenossenschaft für Gesundheitsdienst und Wohlfahrtspflege (BGW)

Die Berufsgenossenschaften finanzieren sich ausschließlich aus den Beiträgen der Unternehmer. Die Versicherten zahlen keinen Beitrag.

## 1.2.3  Organisation des Gesundheitswesens auf Staats- und Länderebene

Der Einfluss der Politik auf das deutsche Gesundheitssystem ist enorm. Im Folgenden werden die betroffenen Instanzen erläutert.

### 1.2.3.1  Deutscher Bundestag

Der deutsche Bundestag entscheidet über alle Fragen des deutschen Gesundheitswesens.
Er reguliert u. a.

- über das Fünfte Buch Sozialgesetzbuch SGB V sämtliche Grundsatzfragen zur gesetzlichen Krankenversicherung,
- die Krankenhausversorgung und -finanzierung (zum Beispiel Krankenhausentgeltgesetz, Krankenhausfinanzierungsgesetz),
- die Arzneimittelversorgung (Gesetz über das Apothekenwesen; Arzneimittelgesetz),
- Medizin- und Blutprodukte.

### 1.2.3.2  Gemeinsamer Bundesausschuss (G-BA) der Ärztinnen, Ärzte und Krankenkassen

Der Gemeinsame Bundesausschuss (G-BA) ist das oberste Beschlussgremium der gemeinsamen Selbstverwaltung der Ärzte, Zahnärzte, Psychotherapeuten, Krankenhäuser und Krankenkassen in Deutschland und somit die Schnittstelle zwischen Politik, Leistungserbringern und Kassen.

Dem G-BA gehören Vertreterinnen und Vertreter der Kassenärztlichen und Kassenzahnärztlichen Bundesvereinigungen, der Deutschen Krankenhausgesellschaft, des GKV-Spitzenverbandes der Krankenkassen sowie drei Unparteiische an, darunter der Vorsitzende. Ferner nehmen an den Sitzungen des G-BA bis zu fünf Vertreterinnen und Vertreter von Patientenorganisationen mit lediglich beratender Stimme teil.

Der G-BA tagt in verschiedenen Besetzungen, je nach aktuell zu behandelnder Thematik:

- Plenum
- Ärztliche Angelegenheiten
- Vertragsärztliche Versorgung
- Vertragspsychotherapeutische Versorgung
- Vertragszahnärztliche Versorgung
- Krankenhausbehandlung

Für jede dieser Besetzungen sind jeweils unterschiedliche Zusammensetzungen des G-BA im Hinblick auf die Anzahl der Vertreter der beteiligten Institutionen vorgeschrieben (vgl. § 91 SGB V).

Der G-BA hat allgemein gesprochen die Aufgabe zu konkretisieren, welche ambulanten oder stationären Leistungen ausreichend, zweckmäßig und wirtschaftlich sind. Die drei letztgenannten Qualitäten werden in § 12 SGB V als die wesentlichen Kriterien für Leistungen der GKV genannt [6].

### 1.2.3.3 Bundesministerium für Gesundheit

Das Bundesministerium für Gesundheit hat die Aufgabe der Ausarbeitung von Gesetzesvorhaben, Verordnungen und Verwaltungsvorschriften sowie die exekutive Zuständigkeit auf Regierungsebene. Zum Geschäftsbereich des Ministeriums gehören mehrere Bundesbehörden, die unterschiedliche Aufgaben im Gesundheitswesen und den übrigen sozialen Sicherungssystemen erfüllen [8].

- Robert Koch-Institut (RKI)
- Paul-Ehrlich-Institut (PEI), Bundesinstitut für Impfstoffe und biomedizinische Arzneimittel
- Deutsches Institut für Medizinische Dokumentation und Information (DIMDI)
- Bundeszentrale für gesundheitliche Aufklärung (BZgA)
- Bundesinstitut für Arzneimittel und Medizinprodukte (BfArM)

### 1.2.3.4 Bundesversicherungsamt (BVA)

Das Bundesversicherungsamt (BVA) ist eine selbstständige Bundesoberbehörde nach dem Bundesversicherungsamtsgesetz (BVAG) und gehört zum Geschäftsbereich des Bundesministeriums für Arbeit und Soziales. Seine Aufgaben umfassen die Organisation des Risikostrukturausgleichs (RSA), die Zulassung der strukturierten Behandlungsprogramme für chronisch Kranke (Disease-Management-Programme, DMP) und die Betreuung der „Wettbewerbsgrundsätze der Aufsichtsbehörden der gesetzlichen Krankenversicherung" [9].

### 1.2.3.5 Bundesinstitut für Arzneimittel und Medizinprodukte (BfArM)

Die Hauptaufgabe des Bundesinstituts für Arzneimittel und Medizinprodukte (BfArM) ist die Zulassung und Registrierung von Fertigarzneimitteln auf der Grundlage des Arzneimittelgesetzes. Dabei wird der Nachweis der Wirksamkeit, Unbedenklichkeit und der angemessenen pharmazeutischen Qualität geprüft. Die Zulassung von Arzneimitteln ist eine hoheitliche Aufgabe und somit unabhängig von der Arbeit des G-BA (siehe Abschn. 1.2.3.2) oder dem Institut für Qualität und Wirtschaftlichkeit im Gesundheitswesen (IQWiG) (siehe Abschn. 1.2.4.9) [9].

### 1.2.3.6 Sachverständigenrat zur Begutachtung der Entwicklung im Gesundheitswesen (SVR-Gesundheit)

Der Sachverständigenrat zur Begutachtung der Entwicklung im Gesundheitswesen (SVR-Gesundheit) erstellt für die Bundesregierung im Abstand von zwei Jahren Gutachten zur Entwicklung der gesundheitlichen Versorgung. Die Mitglieder werden vom Bundesminister für Gesundheit berufen.

### 1.2.3.7 Bundesländer

Die Bundesländer bzw. die zuständigen Länderministerien spielen vor allem in zwei Bereichen des deutschen Gesundheitswesens eine zentrale Rolle: in der stationären Versorgung und im öffentlichen Gesundheitsdienst. Ein wichtiger Schwerpunkt der Länderaktivitäten liegt auf der Prävention, also den Maßnahmen und Initiativen zum Erhalt und zur Förderung der Gesundheit der Bevölkerung bzw. spezifischer Zielgruppen (Kinder, Jugendliche, Migranten usw.) [8].

Die einzelnen Bundesländer sind für die Gewährleistung einer leistungsfähigen und bedarfsgerechten Krankenhausversorgung zuständig. Zu diesem Zweck stellen sie Krankenhauspläne und Investitionsprogramme auf (§ 6 Krankenhausfinanzierungsgesetz – KHG). Einzelheiten der Krankenhausplanung und -finanzierung sind in Landesgesetzen geregelt.

Universitätskliniken nehmen jedoch eine Sonderstellung ein, da sie den jeweiligen Wissenschaftsministerien zugeordnet sind.

In den Krankenhausplänen wird der Bedarf an stationären Behandlungsleistungen für das jeweilige Bundesland in einem festgelegten Zeitraum prognostiziert und darauf aufbauend die erforderliche Zahl an Häusern, Abteilungen und Betten ermittelt.

Die Aufnahme eines Krankenhauses in den Krankenhausplan des Landes ist – von Ausnahmen abgesehen – Voraussetzung dafür, dass die Behandlungskosten der Patienten von der GKV übernommen werden können [8].

Für die akut-stationäre Versorgung in Deutschland gilt eine duale Finanzierung: Investitionsmaßnahmen – zum Beispiel bauliche Maßnahmen oder die Anschaffung von medizinischen Geräten – werden von den Bundesländern finanziert, wogegen der laufende Betrieb – also die Behandlung von Patienten – von den Krankenkassen bezahlt wird.

Außerdem obliegen den Bundesländern die Gesundheitsberichterstattung und der öffentliche Gesundheitsdienst. Zu Letzterem gehören Vorsorge und Gesundheitsfürsorge (wie beispielsweise Einschulungsuntersuchungen, Schwangeren- und Mütterberatung), gemeindenahe psychiatrische und sozialpsychiatrische Versorgung, Überwachungs- und Beratungsaufgaben in den Bereichen Hygiene, Infektionskrankheiten, Arzneimittelverkehr und Umweltmedizin.

Des Weiteren nehmen die Bundesländer Aufsichtsfunktionen über Beschäftigte in Gesundheitseinrichtungen und im Land ansässige Einrichtungen wie Krankenkassen, Ärzte- und Zahnärztekammern sowie Kassenärztliche Vereinigungen wahr.

## 1.2.4    Verbände und Körperschaften als Vermittler zwischen Politik und Kassen

Der Staat hat die unmittelbare Gestaltung und administrative Steuerung an selbstverwaltete Körperschaften und deren Verbände delegiert. Man spricht in diesem Zusammenhang von einem korporatistischen Steuerungsmodell.

### 1.2.4.1  Spitzenverband Bund der Krankenkassen (GKV-Spitzenverband)

Der Spitzenverband Bund der Krankenkassen (GKV-Spitzenverband) vertritt die Krankenkassen allein auf Bundesebene. Er ist eine Körperschaft des öffentlichen Rechts und untersteht als solche der Aufsicht des Bundesministeriums für Gesundheit. Unter anderem nimmt er folgende Aufgaben wahr [10]:

- Vereinbarung von Grundsätzen für die Vergütung in der vertragsärztlichen bzw. vertragszahnärztlichen Versorgung
- Abschluss von Vergütungsvereinbarungen für den stationären Sektor (Weiterentwicklung des Systems der diagnoseorientierten Fallpauschalen)
- Bedarfsplanung für Vertragsärztinnen und -ärzte
- Festsetzung der Festbeträge für Arzneimittel, Heil- und Hilfsmittel
- Vereinbarungen von Rahmenvorgaben für Verträge auf Landesebene
- Definition von Grundsätzen der Prävention und Rehabilitation
- Vertretung der Krankenkassen im G-BA (siehe Abschn. 1.2.3.2)
- Ausgestaltung des morbiditätsorientierten Risikostrukturausgleichs

### 1.2.4.2 GKV-Verbände

Hier sind zu nennen:

- AOK-Bundesverband
- BKK-Bundesverband
- IKK-Bundesverband/IKK e. V.
- Verband der Ersatzkassen e. V. (vedek)
- Knappschaft-Bahn-See
- Bundesverband der landwirtschaftlichen Kranken- und Pflegekassen (BLK)

Darüber hinaus gibt es die Arbeitsgemeinschaft der Verbände der Kranken- und Pflegekassen. Sie ist auf Bundesebene ein Zusammenschluss aller Spitzenverbände der gesetzlichen Krankenkassen.

### 1.2.4.3 Kassenärztliche Vereinigung

Die Kassenärztliche Vereinigung (KV) wurde 1931 aufgrund einer Notverordnung als Folge andauernder Auseinandersetzungen zwischen Ärzteschaft und Krankenkassen gegründet.

Diese Notverordnung war eingesetzt worden, weil Ärzte und Großkassen keine Einigung erzielen konnten und die Ärzte durch verschiedene Maßnahmen, die auch Streik einschlossen, versuchten, ihre Interessen durchzusetzen.

Es gibt in Deutschland 17 kassenärztliche Vereinigungen entsprechend den Bundesländern, mit Ausnahme von Nordrhein-Westfalen, das in die KV Nordrhein und die KV Westfalen-Lippe unterteilt ist.

Die KVen besitzen heute als Träger mittelbarer Staatsverwaltung einen gesetzlichen Sicherstellungs-, Gewährleistungs- und Überwachungsauftrag mit Disziplinarbefugnis [11].

Das Aufgabengebiet der KV beschränkt sich auf die ambulante ärztliche Versorgung, und jeder Arzt, der Kassenpatienten behandeln möchte, muss Mitglied bei der KV sein, die für seinen Praxisort zuständig ist. Die KVen beschränken die Mitgliederzahlen nach eigenen Bedarfsmaßgaben.

Aus dem Status der KVen als Körperschaften des öffentlichen Rechts und den ihnen vom Staat übertragenen Aufgaben resultieren weitreichende Befugnisse gegenüber den zur Mitgliedschaft verpflichteten Vertragsärztinnen und -ärzten: Das Satzungsrecht der KVen ist für die Vertragsärzte verbindlich und kann auch mit disziplinarrechtlichen Maßnahmen durchgesetzt werden. Die Rechtsaufsicht über die KVen führen die Sozialministerien der Länder.

Die KVen nehmen somit öffentliche Aufgaben wahr, die ihnen der Staat übertragen hat. An erster Stelle steht dabei der sogenannte „Sicherstellungsauftrag", also die Gewährleistung der ambulanten ärztlichen Versorgung der Bevölkerung – einschließlich eines Notdienstes außerhalb der üblichen Sprechzeiten.

Neben dieser Rolle der KVen als Träger öffentlich-rechtlicher Aufgaben sind sie jedoch auch eine Interessenvertretung der Ärztinnen und Ärzte [6].

Die Vertreterversammlung ist das oberste Selbstverwaltungsorgan der KV. Sie wird von den KV-Mitgliedern für eine Amtszeit von sechs Jahren gewählt. Die Geschäfte führt ein hauptamtlicher Vorstand, der von der Vertreterversammlung für ebenfalls sechs Jahre gewählt wird.

Weitere Aufgaben liegen in:

- der Wahrnehmung der Rechte der Vertragsärztinnen und -ärzte gegenüber den Krankenkassen (Interessenvertretung),
- der Gewährleistung einer ordnungsgemäßen Durchführung der vertragsärztlichen Tätigkeit gegenüber den Kassen (Gewährleistungspflicht),
- der Zuständigkeit für die Vertragsabschlüsse und
- der Mitarbeit in der gemeinsamen Selbstverwaltung von Ärztinnen, Ärzten und Krankenkassen.

Die KVen sind damit die Auftraggeber der Ärzte für die ambulante ärztliche Versorgung. Der Kassenpatient hat freien Anspruch darauf. Die Leistungserbringer haben jedoch keine Möglichkeit, die Honorare für die ärztliche Versorgung zu verhandeln, da diese von der KV mit den Krankenkassen ausgehandelt werden. Die Krankenkassen zahlen an die KV eine Gesamtvergütung, die dann von der KV anhand eines Bewertungsmaßstabs, den die Kassenärztliche Bundesvereinigung (siehe Abschn. 1.2.4.4) mit den Spitzenverbänden der Krankenkassen

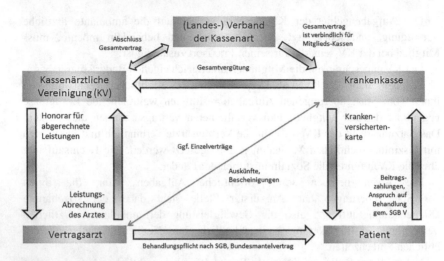

**Abb. 1.1**  Akteure und Beziehungen in der ambulanten Versorgung in Deutschland

vereinbart, auf die Ärzte verteilt wird. Die Kosten für die Tätigkeit der KV tragen die Ärzte, da diese von der Gesamtvergütung einbehalten werden (Abb. 1.1).

Die Vergütung, die durch die KV an die Ärzte im KV-Gebiet erfolgt, ist gemäß dem Versicherteneinkommen, auf das der Beitragssatz der Krankenkasse erhoben wird, gedeckelt.

Das bedeutet, dass das Gesamthonorar der Vertragsärzte einer KV nicht stärker steigen darf als die Einnahmen der Krankenkassen.

Die entsprechende gesetzliche Regelung findet sich im SBG V § 87a.

### 1.2.4.4  Kassenärztliche Bundesvereinigung (KBV)

Die Kassenärztliche Bundesvereinigung (KBV) ist die Vertretung der Vertragsärzte auf Bundesebene. Mitglieder der KBV sind jedoch nicht einzelne Ärzte, sondern die einzelnen KVen.

Auch die KBV ist eine Körperschaft des öffentlichen Rechts und wird durch eine 60 Mitglieder umfassende Vertreterversammlung sowie einen hauptamtlichen Vorstand geleitet. Der KBV-Vorstand besteht aus zwei Personen, nämlich jeweils einem Vertreter der Hausärzte und der Fachärzte. Die Rechtsaufsicht über die KBV führt das Bundesministerium für Gesundheit.

Die KBV nimmt für die Vertragsärzte analoge Aufgaben wahr wie der GKV-Spitzenverband der Krankenkassen für die Landesverbände und Einzelkassen. Neben der gesundheitspolitischen Vertretung der Ärzteschaft sind dies vor allem:

- die Mitarbeit in der gemeinsamen Selbstverwaltung der Ärzte und Krankenkassen (Gemeinsamer Bundesausschuss – G-BA),
- der Abschluss der Bundesmantelverträge mit den Spitzenverbänden der Krankenkassen,
- der Erlass bundeseinheitlicher Richtlinien zur ärztlichen Qualitätssicherung [6].

### 1.2.4.5  Krankenhausgesellschaften

Bei den Krankenhäusern in Deutschland wird zwischen öffentlichen (Kommunen, Länder), freigemeinnützigen (Kirchen, Wohlfahrtsverbände) und privaten Trägern unterschieden.

2012 gab es 2017 Krankenhäuser in Deutschland mit insgesamt 501.500 Betten [12].

Die Krankenhausträger schließen sich auf freiwilliger Basis zu Landeskrankenhausgesellschaften zusammen, deren Aufgabe es ist, die Interessen der Träger bzw. Häuser gegenüber den Kostenträgern, dem Staat und der Öffentlichkeit zu vertreten.

Den Landeskrankenhausgesellschaften sind in den Landeskrankenhausgesetzen eine Reihe von Aufgaben übertragen, vor allem im Zusammenhang mit den Vertragsabschlüssen zwischen Krankenhäusern und Kassen bzw. den Verhandlungen über die Pflegesätze. Ferner wirken sie an der Krankenhausplanung des Landes mit. Darüber hinaus sind die Landeskrankenhausgesellschaften Dienstleister und Berater für ihre Mitglieder in rechtlichen und betriebswirtschaftlichen Fragen.

Die Deutsche Krankenhausgesellschaft e. V. (DKG) ist der Zusammenschluss der 16 Landeskrankenhausgesellschaften sowie von zwölf Spitzenverbänden der Krankenhausträger.

Die DKG vertritt die Interessen der Krankenhausträger auf Bundesebene und nimmt gesetzlich zugewiesene Aufgaben im Rahmen der gemeinsamen Selbstverwaltung im Gesundheitswesen wahr. Dazu gehört vor allem die Mitarbeit in der gemeinsamen Selbstverwaltung der Ärzte und Krankenkassen [6].

### 1.2.4.6  Ärztekammern

In jedem Bundesland existiert eine Landesärztekammer, außer in Nordrhein-Westfalen, das zwei Kammern hat. Alle Ärzte, die ärztlicher Tätigkeit nachgehen, müssen Mitglied sein.

Die Ärztekammern sind selbstverwaltete Körperschaften des öffentlichen Rechts. Die Rechtsaufsicht übt das zuständige Landesministerium aus. Oberstes Entscheidungsgremium ist die von den Kammermitgliedern gewählte

Delegierten- oder Kammerversammlung. Die Geschäfte führt der Vorstand, an dessen Spitze ein/e Präsident/in und ein/e Vizepräsident/in stehen.

Die Ärztekammern haben die Aufgabe, die ärztliche Berufsausübung zu regeln. Zu ihren wichtigsten Aufgaben gehört es,

- eine ärztliche Berufsordnung zu erlassen,
- die ärztliche Weiterbildung im Rahmen einer Weiterbildungsordnung zu regeln,
- sich um die ärztliche Fortbildung zu kümmern,
- über die Einhaltung der Berufspflichten zu wachen (einschließlich der Berufsgerichtsbarkeit),
- Maßnahmen der Qualitätssicherung festzulegen,
- Schlichtungs- und Gutachterkommissionen für ärztliche Behandlungsfehler („Kunstfehler") einzurichten.

Die Landesärztekammern haben sich freiwillig zur Bundesärztekammer (BÄK) zusammengeschlossen, welche keine Körperschaft des öffentlichen Rechts ist. Einmal jährlich tagt die BÄK in der Hauptversammlung, die als Deutscher Ärztetag bezeichnet wird.

Nach ihrer Satzung nimmt die Bundesärztekammer unter anderem folgende Aufgaben wahr:

- Vertretung der Positionen der Ärzteschaft in Politik und Gesellschaft
- Hinwirken auf eine möglichst große Einheitlichkeit der ärztlichen Berufsausübung und Weiterbildung durch Beschluss einer Muster-Berufsordnung und einer Muster-Weiterbildungsordnung, an denen sich die Landesärztekammern orientieren sollen [13]

### 1.2.4.7  Institut für das Entgeltsystem im Krankenhaus (InEK)

Die Spitzenverbände der Krankenkassen, der Verband der Privaten Krankenversicherung und die Deutsche Krankenhausgesellschaft haben am 10. Mai 2001 das Institut für das Entgeltsystem im Krankenhaus (InEK GmbH) in der Rechtsform einer gemeinnützigen GmbH gegründet. Seit Juni 2007 firmiert das Institut unter InEK GmbH. Die Gesellschafter der GmbH sind seit Dezember 2008 die Deutsche Krankenhausgesellschaft, der GKV-Spitzenverband und der Verband der privaten Krankenversicherungen.

Das Institut unterstützt die Vertragspartner der Selbstverwaltung und die von ihnen gebildeten Gremien bei der gesetzlich vorgeschriebenen Einführung und kontinuierlichen Weiterentwicklung des Diagnosis-Related-Groups(DRG)-Systems (dt. diagnosebezogenes Fallgruppensystem) auf der Grundlage des § 17b KHG.

Arbeitsfelder des DRG-Instituts sind:

- Medizin
  - Fallgruppenpflege
  Definition der DRG-Fallgruppen
  Pflege der Basis-Fallgruppen
  Pflege des Schweregrad-Systems
  - Kodierrichtlinien
  - Zusammenarbeit mit Institutionen/Gremien/Organisationen
  - Unterstützung anderer Staaten bei der Entwicklung, Einführung und Pflege
    pauschalierender Entgeltsysteme
- Ökonomie
  - Kalkulation
  Relativgewichte
  Zu- und Abschläge
  - Entgeltsystem für psychiatrische und psychosomatische Einrichtungen
  - Leistungsorientierte Investitionspauschalen

### 1.2.4.8   Freie Verbände

Darüber hinaus existiert eine Vielzahl von ärztlichen Verbänden und
Interessenvertretungen, denen keine gesetzlich definierten Funktionen im Sinne
der korporatistischen Steuerung des Gesundheitswesens zukommen.

Hierzu zählen:

- Hartmannbund – Verband der Ärzte Deutschlands e. V.
- NAV-Virchow-Bund – Verband der niedergelassenen Ärzte Deutschlands e. V.
- Marburger Bund – Verband der angestellten und beamteten Ärztinnen und
  Ärzte Deutschlands e. V.

### 1.2.4.9   Institut für Qualität und Wirtschaftlichkeit im
Gesundheitswesen (IQWiG)

Die Aufgaben des 2004 gegründeten Instituts für Qualität und Wirtschaftlichkeit
im Gesundheitswesen (IQWiG) lassen sich dem SGB V entnehmen:

1. Recherche, Darstellung und Bewertung des aktuellen medizinischen
   Wissensstandes zu diagnostischen und therapeutischen Verfahren bei
   ausgewählten Krankheiten
2. Erstellung von wissenschaftlichen Ausarbeitungen, Gutachten und Stellungnahmen zu Fragen der Qualität und Wirtschaftlichkeit der im Rahmen der gesetzlichen Krankenversicherung erbrachten Leistungen

3. Bewertung evidenzbasierter Leitlinien für die epidemiologisch wichtigsten Krankheiten
4. Abgabe von Empfehlungen zu Disease-Management-Programmen
5. Bewertung des Nutzens von Arzneimitteln
6. Bereitstellung von für alle Bürgerinnen und Bürger verständlichen allgemeinen Informationen zur Qualität und Effizienz in der Gesundheitsversorgung

(Sozialgesetzbuch V § 139a Abs. 3)

Auf der Webseite des Instituts [14] sind Publikationen und weitere Informationen aufgeführt.

### 1.2.4.10 Verband der Privaten Krankenversicherung (PKV-Verband)

Der Verband der Privaten Krankenversicherung (PKV-Verband) ist die gemeinsame Interessenvertretung der Unternehmen der privaten Krankenversicherung (PKV).

Der PKV-Verband engagiert sich vor allem in der Gesundheitspolitik für die Interessen der Versicherungsunternehmen.

Der PKV-Verband stellt darüber hinaus Zahlen und Statistiken über die private Krankenversicherung zur Verfügung [13].

### 1.2.4.11 Verbände der Arzneimittelhersteller

Die Arzneimittelhersteller haben sich zu verschiedenen Verbänden entsprechend ihrer Interessengruppen organisiert. Nähere Informationen finden sich auf den jeweiligen Webseiten der Verbände:

- Verband forschender Arzneimittelhersteller e. V. (VFA) [15]
- Bundesverband der pharmazeutischen Industrie (BPI) [16]
- Bundesverband der Arzneimittel-Hersteller e. V. (BAH) [17]

## 1.3    Medizinische Versorgung

Die medizinische Versorgung lässt sich, wie bereits erläutert, in die folgenden Sektoren aufteilen: ambulant, stationär, Kassenpatient und Privatpatient. Während es für den Privatpatienten und auch den behandelnden Arzt kaum verwaltungstechnische Unterschiede und Einschränkungen zwischen den Bereichen ambulant und stationär gibt, sind diese bei Kassenpatienten doch deutlich. Im Folgenden werden die Unterschiede aufgezeigt.

## 1.3.1  Ambulante medizinische Versorgung für Kassenpatienten

In Deutschland erfolgt die ambulante Versorgung überwiegend durch niedergelassene Ärzte. In den meisten anderen Industrieländern wird ein erheblicher Teil der ambulanten Medizin – insbesondere die spezialfachärztliche Versorgung – durch Ärzte geleistet, die in Krankenhäusern angestellt sind. Lediglich die hausärztliche Versorgung ist auch in anderen Ländern zumeist in Form von eigenständigen ambulanten Versorgungseinrichtungen organisiert [18].

Niedergelassene Ärzte können als Belegarzt oder Konsiliararzt in Krankenhäusern operieren. Im ersten Fall haben sie Planbetten im Krankenhaus, der Behandlungsvertrag wird direkt mit dem Patienten geschlossen. Im zweiten Fall werden sie vom Krankenhaus mit der Behandlung beauftragt. Die Vergütung für konsiliarärztliche Leistungen ist leistungsabhängig und wird dem Krankenhaus vom Konsiliararzt in Rechnung gestellt. Grundlage ist die GOÄ.

Die Patienten haben grundsätzlich die freie Wahl unter allen zur vertragsärztlichen Versorgung zugelassenen Ärzten und Einrichtungen (§ 76 SGB V).

Die vertragsärztliche ambulante Versorgung wird überwiegend in Einzelarztpraxen durch freiberufliche Ärzte betrieben. Da viele chronische Erkrankungen interdisziplinäre ärztliche und nicht-ärztliche Therapieansätze benötigen, gelten Organisationsformen, in denen dies möglich ist, als leistungsfähiger, sodass sich hierfür verschiedene interdisziplinäre Versorgungssysteme entwickelt haben.

Man kann Praxisgemeinschaften und Gemeinschaftspraxen unterscheiden. Der Unterschied liegt in der Abrechnungsart. Im ersten Fall rechnet jeder Arzt einzeln mit der KV ab, im zweiten wird gemeinsam abgerechnet.

Auch haben sich Praxisnetze gebildet, die den Zweck der interdisziplinären Zusammenarbeit verfolgen.

Eine weitere Form sind die Medizinischen Versorgungszentren (MVZ), die als fachübergreifende ärztlich geleitete Einrichtungen organisiert sind. Sie sollen die Qualität der ambulanten Versorgung z. B. durch Anbindung an ein Krankenhaus steigern.

Zur ambulanten ärztlichen Versorgung von Kassenpatienten sind nur von der KV zugelassene Ärzte ermächtigt. Die KV beschränkt die Zulassung gemäß eigenen Vorgaben anhand der Bedarfssituation. Für ärztliche Leistung werden Punkte (EBM: einheitlicher Bewertungsmaßstab) angerechnet. Der Punktwert in Euro wird von der KV entsprechend den ihr von den Krankenkassen zur Verfügung gestellten Finanzmitteln errechnet. Darüber hinaus setzt die KV weitere Maßstäbe ein, um die Honorare zu verteilen – zum Beispiel dem vorzubeugen, dass es durch leicht vermehrbare Leistungen zu einer ungerechten Verteilung zwischen den Vertragsärzten kommt.

Für den Patienten besteht freie Arztwahl, wobei die Versicherungen spezielle Hausarzttarife anbieten, bei denen der Patient sich dazu verpflichtet, zunächst einen Hausarzt aufzusuchen, um sich von diesem zum Facharzt überweisen zu lassen.

### 1.3.2   Ambulante medizinische Versorgung für Privatpatienten

Die ärztliche Versorgung von Privatpatienten erfolgt gemäß der Einzelleistungsvergütung bzw. dem Kostenerstattungsprinzip. Grundlage ist die Gebührenordnung für Ärzte (GOÄ). Im Gebührenverzeichnis der GOÄ werden Einzelleistungen (Gebührenpositionen) aufgelistet und mit einem Gebührensatz bewertet. Für jeden Einzelfall kann der Arzt den Gebührensatz mit einem Steigerungssatz von maximal 3,5 multiplizieren. Mit diesem Steigerungssatz sollen Schwierigkeit, Zeitaufwand und Umstände der Ausführung der Behandlung des einzelnen Patienten berücksichtigt werden.

Der Patient erhält vom behandelnden Arzt eine Gebührenrechnung, die er begleichen muss. Er kann diese Rechnung zur Kostenerstattung bei seiner privaten Krankenversicherung einreichen.

Die Vergütung der Behandlung von Privatpatienten ist nicht gedeckelt. Dies führt dazu, dass viele Praxen die Behandlung von Kassenpatienten durch die Behandlung von Privatpatienten quer subventionieren [19].

### 1.3.3   Stationäre medizinische Versorgung

Krankenhäuser werden von verschiedenen Akteuren betrieben. Dies können sein: Länder und Kommunen, kirchliche und Wohlfahrtsorganisationen und private Träger. Damit die GKV die stationäre medizinische Versorgung übernehmen kann, muss das Krankenhaus eine Hochschulklinik, ein Plan- oder Vertragskrankenhaus sein.

In jüngerer Zeit lässt sich ein Wandel erkennen weg von öffentlichen Krankenhäusern hin zu Häusern, die von privaten Trägern betrieben werden.

Der Bund ist zuständig für die Regelung der wirtschaftlichen Sicherung der Krankenhäuser und hat hierfür das Krankenhausfinanzierungsgesetz (KHG), das Krankenhausentgeltgesetz (KHEntgG), die Bundespflegesatzverordnung (BPflV) sowie verschiedene Spezialgesetze (z. B. die Krankenhaus-Buchführungsverordnung (KHBV)) erlassen.

Die Länder sind zuständig für die Krankenhausplanung und die Investitionskostenfinanzierung.

Die Finanzierung der Krankenhäuser erfolgt dual: Die Länder tragen über Steuermittel die Investitionskosten, die Krankenkassen tragen beitragsfinanziert die Personal- und Sachkosten. Die Patienten übernehmen über Zuzahlungen ebenfalls einen Teil der Finanzierung.

Seit der Einführung des DRG erhalten alle Krankenhäuser eines Landes einen einheitlichen Basisfallwert. Durch Multiplikation mit dem Relativgewicht aus der DRG-Tabelle ergibt sich die fallorientierte Pauschalvergütung [20].

Als problematisch gilt hierbei, dass eine Unterfinanzierung vieler Krankenhäuser in Kauf genommen wird, auch um die Krankenhauslandschaft auszudünnen [21]. Dies betrifft Krankenhäuser, die gemäß der Krankenhausplanung der Länder als bedarfsgerecht und leistungsfähig beurteilt wurden. Durch die Unterfinanzierung bleibt deren wirtschaftliche Sicherung aus.

Dieses System orientiert sich an den Durchschnittskosten aller Krankenhäuser eines Landes. Es entzieht einzelnen Krankenhäusern (wie z. B. Universitätskliniken) die Möglichkeit zu kostenintensiveren Innovationen.

Die Durchschnittskosten aller Krankenhäuser werden jedes Jahr neu berechnet. Dies birgt jedoch einen systematischen Fehler, der als Kellertreppeneffekt bezeichnet wird. Durch steigende Wirtschaftlichkeit zu teurer Krankenhäuser werden die berechneten Durchschnittskosten im nächsten Jahr ebenfalls sinken, sodass diejenigen Krankenhäuser, die die Wirtschaftlichkeit steigern konnten, trotzdem wieder als zu teuer erscheinen. Dies wird sich so lange fortsetzen, bis alle Krankenhäuser auf dem niedrigsten Niveau angekommen sind. Daher wird eine krankenhausindividuelle Budgetierung vorgeschlagen [21].

### 1.3.3.1 Einführung des Pauschalierenden Entgeltsystems Psychiatrie und Psychosomatik (PEPP-System)

Auch für den Bereich Psychiatrie und Psychosomatik wurde ein pauschaliertes System eingeführt. Ein durchgängiges, leistungsorientiertes und pauschalierendes Vergütungssystem auf der Grundlage tagesbezogener Entgelte für die voll- und teilstationären allgemeinen Krankenhausleistungen psychiatrischer und psychosomatischer Einrichtungen hat der Gesetzgeber 2009 durch den neu eingerichteten § 17d Krankenhausfinanzierungsgesetz (KHG) im Rahmen des Krankenhausfinanzierungsreformgesetzes geschaffen [22].

Einrichtungen der Psychiatrie und Psychosomatik konnten das neue System ab 2013 auf freiwilliger Basis einführen, ab 2015 ist die Anwendung verpflichtend. Ab 2015 bis 2017 ist die Umstellung budgetneutral. Es findet eine Anpassung an das bisherige Klinikbudget statt. 2017 beginnt die Konvergenzphase. In dieser Zeit wird ein Landesbasisentgeltwert aus den Mittelwerten aller Kliniken von InEK ermittelt (alle Kosten eines Behandlungstages aller Behandlungsfälle im Mittel). Bis 2022 wird der bisherige krankenhausindividuelle Wert an den Landesbasisentgeltwert angepasst.

Die Einführung des PEPP-Systems stieß bereits am Anfang auf den Widerstand der Fachverbände, Kliniken, Ärzte, Therapeuten, Pflegenden und Patienten. Als Gefahren werden unter anderem zu frühe Entlassungen aufgrund des Vergütungssystems genannt und der Umstand, dass der Besonderheit psychiatrischer Krankheitsverläufe mit der im PEPP vorgesehenen fallgruppierten Kalkulierung nicht entsprochen wird. Dies gehe zulasten der beziehungsorientierten Arbeit als Grundpfeiler psychiatrischer Therapiekonzepte [23].

### 1.3.4 Berufsgenossenschaftliche medizinische Versorgung

Liegt ein Arbeitsunfall vor, ist die freie Arztwahl eingeschränkt. Die verletzte Person muss einem von der Berufsgenossenschaft ermächtigten Durchgangsarzt (D-Arzt) vorgestellt werden.

Ausnahmen von der D-Arzt-Behandlung sind u. a.:

- Bei kleinen Unfällen: Wenn die Arbeitsunfähigkeit nicht über den Unfalltag hinaus besteht und die Behandlung nicht länger als eine Woche dauert, kann ein Allgemeinmediziner die Behandlung ohne Überweisung an einen D-Arzt durchführen.
- Verletzte mit isolierten Augen- oder Hals-Nasen-Ohren-Verletzungen sollen sofort einem Augen- bzw. HNO-Arzt vorgestellt werden.
- Bei sehr schweren Verletzungen (z. B. offener Schädel, Gelenkbruch) muss nicht erst ein D-Arzt aufgesucht werden, sondern soll der Verletzte direkt in eine berufsgenossenschaftliche Unfallklinik oder in ein entsprechendes Krankenhaus eingeliefert werden. Dort sind meist auch Durchgangsärzte tätig.
- Bei Verdacht oder Vorliegen einer Berufskrankheit kann jeder Arzt aufgesucht werden.

Der D-Arzt hat unter anderem folgende Aufgaben:

- Feststellung der medizinischen Diagnose und Ermittlung des Sachverhalts (z. B., ob es sich überhaupt um einen Arbeitsunfall handelt)
- Fachärztliche Erstversorgung
- Erstellung des Durchgangsarztberichts für den Unfallversicherungsträger
- Falls nötig, Hinzuziehen anderer Fachärzte

Der D-Arzt legt zudem fest, welcher Arzt die weitere Behandlung durchführen soll. Er selbst soll nämlich nur in rund 20 % der Fälle die Behandlung übernehmen. Die meisten Patienten verbleiben in der Behandlung eines Arztes für Allgemeinmedizin.

Die Abrechnung der medizinischen Leistung erfolgt nach der Unfallversicherungs-Gebührenordnung für Ärzte (UV-GOÄ) als Einzelleistungsabrechnung.

Die Berufsgenossenschaften betreiben auch eigene Krankenhäuser, die sogenannten BG-Kliniken.

## 1.4   Beurteilung des deutschen Gesundheitssystems aus der Sicht des Arztes

### 1.4.1   Sachleistungsprinzip vs. Kostenerstattungsprinzip

Das sogenannte Sachleistungsprinzip ist der Hintergrund dafür, dass gesetzlich versicherte Patienten in Deutschland in der Regel nie eine Rechnung für die medizinische Leistung sehen.

Der Nachteil des Sachleistungsprinzips ist die fehlende Kostentransparenz für den Patienten, der Vorteil ist, dass dieser keinen Aufwand für die Abrechnung betreiben muss.

Fehlende Kostentransparenz kann dazu führen, dass die Schwelle, eine medizinische Leistung in Anspruch zu nehmen, ungefähr so hoch ist wie die Schwelle, sich von einem Frühstücksbuffet etwas zu holen, auch wenn man eigentlich schon satt ist. Auch werden hierdurch Unregelmäßigkeiten bei der ärztlichen Abrechnung erleichtert.

Beim Kostenerstattungsprinzip hat der Patient zwar Kostentransparenz, ist jedoch auch bei der Entscheidung über die Notwendigkeit einer medizinischen Leistung weitgehend auf sich allein gestellt.

Die Leistungsanbieter – also Ärztinnen und Ärzte, Krankenhäuser, Hersteller von Arzneimitteln und Medizintechnik usw. – müssen sich unternehmerisch verhalten. Das bedeutet, dass sie ein berechtigtes Interesse daran haben, möglichst viele Dienstleistungen und Produkte ,an die Patientin und den Patienten zu bringen'. Diesen Bestrebungen nach Leistungsausweitung können und wollen die Patientinnen und Patienten in der Regel nur wenig Widerstand entgegensetzen. Die Folge sind Kostensteigerungen als Ergebnis von unwirtschaftlicher Leistungsausweitung.

Das beschriebene Problem besteht im Grundsatz natürlich auch im Sachleistungssystem. Auch hier sind die Patientinnen und Patienten nur eingeschränkt urteilsfähig, was den Nutzen und die Notwendigkeit der von der Ärztin/vom Arzt vorgeschlagenen Maßnahmen betrifft. Gegenüber dem Kostenerstattungsmodell besteht jedoch der Vorteil, dass die Vertragsbeziehungen zwischen Krankenkassen und Leistungserbringern eine nicht unerhebliche Steuerung und Kontrolle des Leistungsgeschehens ermöglichen.

Im Sachleistungssystem der GKV wird der Spielraum der Ärztinnen und Ärzte und der übrigen Leistungsanbieter im Hinblick auf Art, Menge und Qualität ihrer Leistungen eingeschränkt. Aufgrund der Verträge zwischen Krankenkassen und Leistungserbringern sind manche Leistungen wegen mangelnder Wirksamkeit oder Unwirtschaftlichkeit gänzlich ausgeschlossen, andere dürfen nur bei Vorliegen bestimmter Voraussetzungen zulasten der GKV erbracht werden. Ferner werden mehr und mehr konkrete Qualitätsanforderungen in den Verträgen vereinbart. Zusätzlich gibt es festgelegte Verfahren, mit denen die Wirtschaftlichkeit der Versorgung im Nachhinein überprüft werden kann.

Das Sachleistungsprinzip bzw. die damit verbundenen Vertragsbeziehungen zwischen Krankenversicherungen und Leistungserbringern üben somit sowohl eine Kosten dämpfende als auch eine qualitätssichernde Funktion aus. Dies liegt nicht zuletzt daran, dass die Krankenkassen in den Vertragsverhandlungen mit den Leistungserbringern eine erheblich stärkere Position haben und deutlich mehr medizinischen und ökonomischen Sachverstand aufbieten können, als es der einzelnen Patientin/dem einzelnen Patienten im Rahmen der Aushandlungsprozesse mit der Ärztin/dem Arzt möglich ist.

Das Sachleistungsmodell hat somit in erster Linie ein ,Transparenzdefizit' auf der Seite der Patienten, räumt aber den Krankenversicherungen als dem eigentlichen ökonomischen Gegenüber der Leistungsanbieter größere Handlungsmöglichkeiten ein. Das Kostenerstattungsmodell bietet vollständige Kostentransparenz sowohl für den einzelnen Patienten als auch für die Versicherung, die am Ende die Kosten rückerstattet. Es hat jedoch ein erhebliches ,Steuerungsdefizit', weil es die Rolle des ökonomischen Widerparts der Leistungserbringer der einzelnen Patientin bzw. dem einzelnen Patienten und damit dem tendenziell schwächsten von allen Beteiligten überlässt [24].

## 1.4.2 Wettbewerb bei Krankenkassen

Während es bei privaten Krankenkassen verständlich ist, dass sich mehrere Unternehmen um einen Markt (Angebot und Nachfrage) bemühen und versuchen, durch Hebel wie Preis und Leistung einen Wettbewerbsvorteil gegenüber anderen

Kassen zu erlangen, erscheint dies bei den GKVen eher fraglich, sodass einzelne Krankenkassen gegenüber anderen Wettbewerbern kaum einen Vorteil bieten können.

Die weitreichenden Funktionen der Verbände muten bisweilen merkwürdig an, wenn man bedenkt, dass die Mitgliedskassen mancher Verbände (insbesondere Ersatzkassen und Betriebskrankenkassen) einerseits miteinander um Mitglieder konkurrieren, anderseits aber wesentliche Bereiche ihres Geschäfts an einen gemeinsamen Verband delegieren müssen. Die Kassenvielfalt reduziert sich somit in wichtigen Fragen auf das gemeinsame Handeln der Verbände bzw. der Spitzenverbände.

Doch mehr noch: Der Gesetzgeber verpflichtet die Krankenkassen bei den meisten wirklich wichtigen Fragen fast immer dazu, ‚gemeinsam und einheitlich' zu handeln, also GKV-weit einheitliche Bedingungen zu schaffen. Weder den Kassenarten noch gar den einzelnen Kassen wird damit in zentralen Fragen die Möglichkeit eingeräumt, sich untereinander zu differenzieren [25].

## 1.4.3 Verwaltungskosten bei Krankenkassen

Die Frage, die hier gestellt werden kann, lautet: Brauchen wir denn so viele GKVen, die sich beim Patienten im Wesentlichen nur durch wenige Prozentpunkte im Beitragssatz unterscheiden, die aber jede ihren eigenen teuren Verwaltungsapparat unterhält und die gemeinschaftlich versuchen, ihre Wirtschaftlichkeit zu erhöhen, indem sie die Kosten, also die Vergütungen, die sie den Leistungserbringern (Ärzten, Krankenhäusern) zahlen müssen, reduzieren?

Kostenreduktion in der medizinischen Versorgung muss nicht als gleichbedeutend verstanden werden mit dem Erzielen eines besseren Preis-Leistungs-Verhältnisses. Dies wäre jedoch die betriebswirtschaftliche Definition von Erhöhung der Wirtschaftlichkeit. Kosten können ja durchaus auch reduziert werden, indem weniger bezahlt und dafür geringere Leistung in Kauf genommen wird.

Hauptargument gegen eine hohe Zahl von GKVen sind die Verwaltungskosten, die sich ohne zusätzlichen Benefit für die Leistungsbringer und Leistungsempfänger aufsummieren.

Die Höhe der Verwaltungskosten ist den entsprechenden Jahresberichten der Spitzenverbände der GKV [25, 26] und PKV [27] zu entnehmen.

Es lässt sich nur schwer ermitteln, wie viele Verwaltungskosten gerechtfertigt sind, und es soll hier auf andere Quellen verwiesen werden, die dies ausführlich diskutieren. Auch der Vergleich zwischen den Verwaltungskosten pro Patient oder pro einbezahlten Euro zwischen PKV und GKV ist hinlänglich alio loco besprochen worden [28]. Im Vergleich zeigen PKVen höhere prozentuale Kosten als die GKVen, auch durch hohe Vermittlerprämien für Vertragsabschlüsse.

Ob man die beiden Systeme miteinander vergleichen kann, ist unsicher, der medizinische Servicelevel für Privatpatienten ist letztendlich deutlich höher als der für Kassenpatienten.

## 1.4.4   Wirtschaftlichkeit von Krankenkassen

Eine wirtschaftliche Abgrenzung der einzelnen Krankenkassen gegenüber den Leistungsanbietern ist den GKVen nicht möglich, da der Gesetzgeber von den Krankenkassen Einigkeit erwartet, wenn es um die Verhandlungen mit den Leistungsanbietern geht. Diese Verhandlungen laufen über die Verbände bzw. Spitzenverbände.

Der Gesetzgeber verpflichtet die Krankenkassen bei den meisten wirklich wichtigen Fragen fast immer dazu, „gemeinsam und einheitlich" zu handeln, also GKV-weit einheitliche Bedingungen zu schaffen. Weder den Kassenarten noch gar den einzelnen Kassen wird damit in zentralen Fragen die Möglichkeit eingeräumt, sich untereinander zu differenzieren [28].

Letztendlich muss wohl zugegeben werden, dass die freie Marktwirtschaft bei den GKVen durch staatliche Regularien gebeugt wird und dass die eigentlichen Dienstleister des Gesundheitssystems (Krankenhäuser, Ärzte, Pflege) durch die Übermacht des künstlich am Überleben gehaltenen Systems der GKV durch Knebelverträge dazu gezwungen werden, ebenfalls nicht marktwirtschaftlich, sondern vermeintlich „solidarisch" zu arbeiten.

Interessant ist die Tatsache, dass Beamte als Staatsdiener keinen Zugang zur Solidargemeinschaft haben. Beamte erhalten im Rahmen der Beihilfe vom Staat einen Teil der Gesundheitskosten, den anderen Teil müssen sie über eine private Krankenversicherung abdecken.

Auch Selbstständigen ist der Weg in die GKV versperrt, wenn sie nicht vor der Selbstständigkeit über einen bestimmten Zeitraum gesetzlich versichert waren.

## 1.4.5   Risikostrukturausgleich (RSA)

Über den Risikostrukturausgleich (RSA) (vgl. auch Abschn. 1.2.2.1) lässt sich kontrovers diskutieren. Befürworter argumentieren, dass den Krankenkassen die Last abgenommen wird, Patienten anhand ihres Einkommensprofils und ihres Morbiditätsrisiko zu selektieren, um wirtschaftlich zu bleiben. Die Kassen könnten sich so mehr darauf konzentrieren, durch Kostenreduktion auf dem Verwaltungs- und Leistungssektor bessere Wirtschaftlichkeit zu erzielen. Kritiker argumentieren unter anderem, dass unwirtschaftliche Krankenkassen dadurch subventioniert werden.

Letztendlich ist der RSA sicher mit dafür verantwortlich, dass viele GKVen überleben können: insbesondere Kassen, die mehr Niedrigbeitragszahler mit hohem Versicherungsrisiko haben und somit am Ende eine negative Bilanz aus Versicherungsbeitrag und kostenpflichtiger Leistung für die Versicherten aufweisen.

## 1.4.6 Kassenärztliches System

Durch die Kassenärztliche Vereinigung (KV), gleichsam eine zwischengeschaltete Monopolstelle, verloren die Ärzte und die Krankenkassen die Möglichkeit, marktwirtschaftlich miteinander als Geschäftspartner zur agieren. Die KVen beschränken die Mitgliederzahlen nach eigenen Bedarfsmaßgaben.

In einem Gutachten, das der Sachverständigenrat für die Beurteilung der Entwicklung im Gesundheitswesen 2005 erstellen ließ, wird das KV-System als besonders anfällig für die Schwachstellen eines korporativen Koordinationssystems beschrieben [11].

Diese allgemeinen Schwachstellen sind:

- Beschränkte Zulassung zum korporativen System
- Autonomieverlust im Falle einer Einflussnahme durch öffentliche Entscheidungseinheiten
- Beschädigung der demokratischen Grundordnung durch wahltaktisches Arrangement mit Interessenverbänden
- Vereinbarungen gehen zulasten Dritter, die wie z. B. Konsumenten, Arbeitslose, Patienten, Steuer- und Beitragszahler sowie künftige Generationen nicht an den Verhandlungen teilnehmen.
- Reformstau. Viele korporative Organisationen sehen durch den Strukturwandel, der auf technischen Fortschritt und/oder Globalisierungsprozesse zurückgeht, ihre Marktposition gefährdet.
- Effizienzverlust. Mit der Verteidigung des Status quo wahren die Korporationen auch ihren Besitzstand. Sie stimmen bestenfalls inkrementellen Veränderungen zu.

- Korporative Organisationen können ein falsches Bild von Sicherheit vermitteln. Durch den Reformstau können unausweichliche Veränderungen zu schmerzlichen Maßnahmen werden, da sie zu spät unternommen wurden.

Insbesondere auf das deutsche System der KV bezogen werden als Schwachstellen aufgeführt:

- Inflexibilität

Die Krankenkassen verfügen im Leistungs- und Vertragsbereich nur über ein sehr begrenztes Spektrum von Gestaltungsmöglichkeiten, was zu einer hohen Gewichtung von Beitragssatzunterschieden führt, starke Anreize zur Risikoselektion setzt und den Übergang von der allgemeinen parafiskalischen Leistungsverwaltung zum kassenspezifischen zielorientierten Gesundheitsmanagement behindert. Die Rahmenordnung zwingt die Krankenkassen überwiegend zu „gemeinsamem und einheitlichem" oder zumindest kassenartengleichem Handeln, statt dezentral operierenden Krankenkassen mehr autonome Gestaltungsmöglichkeiten einzuräumen. (...) Die unterschiedlichen Interessen der einzelnen Krankenkassen und/oder Krankenkassenarten erschweren auch die Verhandlungen über bzw. die Einigung auf einen gemeinsamen, solidarisch finanzierten Leistungskatalog [11].

- Über-/Fehlversorgung durch Leistungserbringer (Ärzte) aufgrund beschränkter Budgetierung

Auf der Anbieterseite stehen den Krankenkassen im ambulanten Bereich mit Ausnahme der integrierten Versorgung nach § 140a-d SGB V sowie – seit dem Gesundheitsmodernisierungsgesetz – der hausarztzentrierten Versorgung nach § 73b SGB V die KVen gegenüber. Diese schließen mit den Landesverbänden der Krankenkassen und den Verbänden der Ersatzkassen Gesamtverträge, so dass die einzelnen niedergelassenen Ärzte lediglich als Mengen- oder Qualitätsanpasser fungieren. Bei vorgegebenen Budgets sinkt bei steigender Menge der Punktwert der ärztlichen Leistungen, was vielfach einen circulus vitiosus in Richtung Über- und Fehlversorgung auslöst [11].

- Fehlendes Interesse an Leistungsqualität

Die KVen bilden im unternehmerischen Sinne keine Monopole, denn sie streben als Korporation nicht nach Gewinn. Zudem können sie nicht autonom die Preise ärztlicher Leistungen bestimmen, sondern müssen diese auf der Basis des EBM mit den Krankenkassen aushandeln (...). Unbeschadet der (zunehmenden) Interessengegensätze und Meinungsverschiedenheiten innerhalb der KVen stellen sie nach außen monolithische Entscheidungseinheiten dar, die kein Interesse an einer differenzierenden Behandlung ihrer Mitglieder, etwa hinsichtlich deren Leistungsqualität, besitzen. Da die Vorstände der KVen von den Mitgliedern gewählt werden, liegt es nahe, dass sie ihre Politik an den Wünschen der Mehrheit und nicht an denen einer innovativen Minderheit ausrichten. Die KVen neigen insofern zu einer Politik des Interessenausgleichs ihrer Mitglieder. Soweit die KVen bzw. die KBV mit den Krankenkassen kassenartenübergreifend und gemeinsam verhandeln, entsprechen diese Vereinbarungen unabhängig von den jeweiligen Charakteristika der Entscheidungsträger in ihrer Struktur Verhandlungsprozessen im bilateralen Monopol. Es besteht dann auch die Gefahr, dass die jeweiligen Verträge zu Lasten Dritter, z. B. der Patienten oder spezieller Leistungserbringer, gehen [11].

- Wettbewerbsverzerrung und nicht-leistungsgerechte Entlohnung

  Die Krankenhäuser vereinbaren ihren Versorgungsvertrag mit den Krankenkassen auf Landesebene kassenartenübergreifend und gemeinsam. Infolge der dualen Krankenhausfinanzierung können die Krankenhäuser über die notwendigen Investitionen nicht nach eigenen Prioritäten entscheiden. Die Investitionsfinanzierung orientiert sich daher zu stark an landespolitischen und zu wenig an betriebswirtschaftlichen Aspekten. Zudem führt die duale Finanzierung zu Wettbewerbsverzerrungen zwischen öffentlich-rechtlichen, freigemeinnützigen und privaten Krankenhausträgern, wobei die ungleiche Finanzierung der Länder diese Verzerrungen noch verstärkt. Der starre BAT-Tarif schränkt Möglichkeiten zur leistungsgerechten Entlohnung ein [11].

- Nicht zeitgemäße Arzneimitteldistribution durch Fremdbesitzverbot und eingeschränkten Mehrbesitz
- Fehlende Möglichkeit, Interessenkonflikte zwischen den Interessengruppen in tragfähigen Kompromissen zu lösen

  Die Fähigkeit der korporativen Organisationen, über Vereinbarungen im Rahmen der gemeinsamen Selbstverwaltung tragfähige Kompromisse zu erzielen, nahm in den letzten Jahren spürbar ab. Sie wälzten in der ambulanten ärztlichen und zahnärztlichen Versorgung die allokationsrelevanten Entscheidungen zunehmend auf die Schiedsämter ab. Für den stationären Sektor konnten sich die Selbstverwaltungspartner zuletzt ebenfalls nicht auf einen Fallpauschalen-Katalog, einen Zusatzentgelte-Katalog und die Abrechnungsregelungen einigen, so dass das Bundesministerium für Gesundheit und Soziale Sicherung eine Ersatzvornahme durchführte. Schließlich verschärften sich auch die Spannungen innerhalb der Korporationen. So trat die Bayerische Landeszahnärztekammer – wenn auch nicht zum ersten Mal – aus der Bundeszahnärztekammer aus, weil diese mit ihrer Einführung eines Punktsystems bei Fortbildungsangeboten den Intentionen des Gesundheitsmodernisierungsgesetzes folgte [11].

- Fehlende Anreize für effektive und effiziente Versorgung

Die medizinisch wie ökonomisch fragmentierten medizinischen Behandlungsarten setzen keine bzw. zu geringe Anreize für eine effektive und effiziente sektorenübergreifende Versorgung, die ambulante und stationäre Behandlung sowie Rehabilitation und Pflege umfasst. Die bisherigen Versuche, die sektorenübergreifende Koordination und Kooperation mit Hilfe von Strukturverträgen (§ 73a SGB V), Modellvorhaben (§§ 63 ff. SGB V) und integrierten Versorgungsformen (§ 140a-h SGB V) nachhaltig zu verbessern, scheiterten trotz einer anfänglichen Fülle von zunächst viel versprechenden Projekten und Vorhaben an mangelnden finanziellen Anreizen und Planungsfehlern der Betreiber solcher Versorgungsnetze [11].

Weiter attestiert das Gutachten dem deutschen Gesundheitssystem eine mittelmäßige Leistungsfähigkeit im internationalen Vergleich.

Vor dem Hintergrund dieser Schwachstellen der deutschen Gesundheitsversorgung überrascht es nicht, dass auch ein internationaler Vergleich der unterschiedlichen nationalen Gesundheitssysteme – unbeschadet aller Probleme der Indikatorenauswahl und ihrer Gewichtung (…) – auf eine eher mittelmäßige Leistungsfähigkeit des deutschen Gesundheitswesens hindeutet (…): Das deutsche Gesundheitswesen bietet zwar im internationalen Vergleich für alle Bürger einen sehr weitgehenden Versicherungsschutz, ein nahezu flächendeckendes Angebot an Gesundheitsleistungen und einen hohen Versorgungsstandard. Zudem beinhaltet die GKV auch verglichen mit anderen sozialen Krankenversicherungen einen umfassenden Leistungskatalog mit einer guten Erreichbarkeit der Leistungen und konfrontiert die Patienten kaum mit schärferen Rationierungen, wie z. B. Warteschlangen. Diesem durchaus beachtlichen Niveau auf der Kapazitäts- und Leistungsseite steht jedoch ein weit überdurchschnittlicher Ressourceneinsatz gegenüber. So rangiert Deutschland innerhalb der OECD-Länder sowohl bei den Pro-Kopf-Gesundheitsausgaben als auch bei der Gesundheitsquote, d. h. der Relation zwischen den gesamten nationalen Gesundheitsausgaben und dem entsprechenden Bruttoinlandsprodukt, jeweils hinter den USA und der Schweiz an vierter bzw. dritter Stelle [11].

Das System der Verteilung der Gesamtvergütung, die die GKV an die KV bezahlt, folgt sehr komplexen Regularien, die kontinuierlich nachgebessert werden müssen. Ein System, das Qualität von medizinischer Leistung belohnt, scheint hieraus nicht entstehen zu können. Auch wird die höhere Leistungsfähigkeit einer Praxis oder eines Arztes nicht belohnt, da die Vergütung, die durch die KV erfolgt, gemäß dem Versicherteneinkommen, auf das der Beitragssatz der Krankenkasse erhoben wird, gedeckelt ist. Das bedeutet, dass das Gesamthonorar der Vertragsärzte einer KV nicht stärker steigen darf als die Einnahmen der Krankenkassen. Erhält ein Arzt im KV-Gebiet mehr Honorar, erhält gleichzeitig ein anderer weniger. Dies führt zu Frustration und Unzufriedenheit bei den Vertragsärzten [29].

Als mögliche Faktoren für eine Kostensteigerung im Gesundheitssystem werden hier aufgeführt:

- Erhöhung der Morbidität
- Medizinischer Fortschritt
- Demografischer Wandel
- Unwirtschaftlichkeiten der Leistungserbringung

Ein ideales System müsste dafür sorgen, dass Unwirtschaftlichkeit nicht zulasten der Kostenträger geht, jedoch die anderen Ursachen der Kostensteigerungen nicht auf die Leistungserbringer zurückfallen.

## 1.4.7 Ärztliche Vergütungssysteme

Ärztliche Vergütung lässt sich in die folgenden Systeme unterteilen:

- Einzelleistungsvergütung: Anzahl der erbrachten Leistungen
- Fallpauschalen: Anzahl der in einem Zeitraum behandelten Fälle
- Kopfpauschalen: Anzahl der in einem Zeitraum zu versorgenden und eingeschriebenen Versicherten
- Gehalt: periodenfixe Honorierung

### 1.4.7.1 Einzelleistungsvergütung

Hierbei erhält der Arzt desto mehr Vergütung, je mehr Leistungen er am Patienten erbringt. Aus ökonomischen Gründen werden dem Patienten keine Leistungen vorenthalten. Das Risiko der Überversorgung besteht jedoch z. B. durch anbieterinduzierte Nachfrage. In der freien Marktwirtschaft würde sich dieses Risiko durch ökonomische Mechanismen selbst regulieren (z. B. durch die Zahlungsbereitschaft des Patienten). Aufgrund des Sachleistungsprinzips im deutschen Gesundheitssystem sind diese Mechanismen jedoch außer Kraft gesetzt.

### 1.4.7.2 Pauschalvergütung

Kopfpauschale oder Fallpauschale sind Vergütungsformen, bei denen die Einzelleistung aus dem Fokus genommen wird. Das Risiko besteht jedoch, dass eine Reduktion der Leistung und der damit verbundenen Kosten für den Leistungserbringer (Arzt) die Wirtschaftlichkeit erhöht, also Leistungen dem Patienten vorenthalten werden.

Die Bundeszentrale für politische Bildung fasst die derzeitige Situation und die Notwendigkeiten für die Vergütung der ambulanten ärztlichen Leistung wie folgt treffend zusammen:

Fachleute sprechen in diesem Zusammenhang davon, dass die Budgetierung mit einer Verlagerung des Morbiditätsrisikos der Bevölkerung auf die Ärzteschaft einhergeht:
Bei steigendem Versorgungsbedarf müssen die Vertragsärztinnen und -ärzte unter dem Budgetdeckel entweder unentgeltlich mehr leisten oder sie müssen einen Teil des wachsenden Behandlungsbedarfs unbefriedigt lassen.
Die Ärzteschaft, die natürlich ein starkes Interesse an einer Abschaffung der Budgetierung hat, erklärt in diesem Zusammenhang, dass die Vertragsärztinnen und -ärzte inzwischen bis zu 20 % ihrer Leistungen ohne Honorierung erbringen müssen, wenn sie die Patientinnen und Patienten nicht ohne die medizinisch notwendige Versorgung nach Hause schicken wollen.
Vonseiten der Budgetierungsbefürworterinnen und -befürworter wird dagegen immer wieder die Existenz von ‚Wirtschaftlichkeitsreserven' betont, die ausgeschöpft werden können. Nach dieser Auffassung können die Vertragsärztinnen und -ärzte einen tatsächlich steigenden Bedarf an Versorgungsleistungen auch innerhalb der Budgetgrenzen ausgleichen, indem sie auf die Erbringung von Leistungen ohne oder von nur geringem Nutzen für die Patientinnen und Patienten verzichten.
Das Morbiditätsrisiko der Bevölkerung muss von den Krankenversicherungen getragen werden und nicht von der Ärzteschaft. In dieser grundsätzlichen Auffassung sind sich Ärztinnen, Ärzte, Krankenkassen, Politikerinnen und Politiker inzwischen einig [30].

Aufgrund der oben beschriebenen ökonomischen Schwierigkeiten von Vertragsärzten sind viele Praxen nur noch überlebensfähig, weil sie über die privat versicherten Patienten die für die Wirtschaftlichkeit der Praxis fehlenden Einnahmen quer subventionieren. Diese Auffassung teilt auch die Kassenärztliche Bundesvereinigung [19].

## Literatur

1. Gerlinger, T., & Burkhardt, W. (2012a). Vergütung privatärztlicher Leistungen. http://www.bpb.de/politik/innenpolitik/gesundheitspolitik/72637/verguetung-privataerzt-licher-leistungen?p=all. http://www.bpb.de/politik/innenpolitik/gesundheitspoli-tik/72624/verguetungssystem?p=all. Zugegriffen: 09. Juni 2014.
2. Bördlein, I. (2014). Notbremse für PEPP-System ist notwendig. Ärztezeitung. http://www.aerztezeitung.de/praxis_wirtschaft/aerztliche_verguetung/article/859034/leitartikel-notbremse-pepp-system-notwendig.html. Zugegriffen: 09. Juni 2014.

3. Gerlinger, T., & Burkhardt, W. (2012b). Strukturen und Versorgungsformen. http://www.bpb.de/politik/innenpolitik/gesundheitspolitik/72594/strukturen-und-versorgungsformen?p=all. Zugegriffen: 09. Juni 2014.

4. Gerlinger, T., & Burkhardt, W. (2012c). Finanzierung und Vergütung. http://www.bpb.de/politik/innenpolitik/gesundheitspolitik/72656/finanzierung-und-verguetung?p=all. http://www.bpb.de/politik/innenpolitik/gesundheitspolitik/72624/verguetungssystem?p=all. Zugegriffen: 09. Juni 2014.

5. Gerlinger, T., & Burkhardt, W. (2012d). Bismarcks Erbe: Besonderheiten und prägende Merkmale des deutschen Gesundheitswesens. http://www.bpb.de/politik/innenpolitik/gesundheitspolitik/72553/deutsche-besonderheiten?p=all. Zugegriffen: 21. Mai 2014.

6. Gerlinger, T., & Burkhardt, W. (2012e). Keine Ahnung, was das kostet? Sachleistungsprinzip, Kostenerstattung und die Patientenquittung. http://www.bpb.de/politik/innenpolitik/gesundheitspolitik/72530/sachleistungsprinzip. Zugegriffen: 25. Mai 2014.

7. Gerlinger, T., & Burkhardt, W. (2012f). Die wichtigsten Akteure im deutschen Gesundheitswesen. Teil 2: Verbände und Körperschaften der gemeinsamen Selbstverwaltung. http://www.bpb.de/politik/innenpolitik/gesundheitspolitik/72575/verbaende-und-koerperschaften?p=all. Zugegriffen: 02. Juni 2014.

8. Gerlinger, T., & Burkhardt, W. (2012g). Die wichtigsten Akteure im deutschen Gesundheitswesen. Teil 1: Staat und Politik. http://www.bpb.de/politik/innenpolitik/gesundheitspolitik/72565/staat-und-politik. Zugegriffen: 28. Mai 2014.

9. Gerlinger, T., & Burkhardt, W. (2012h). Staatliche Akteure. http://www.bpb.de/politik/innenpolitik/gesundheitspolitik/72726/staatliche-akteure?p=all. http://www.bpb.de/politik/innenpolitik/gesundheitspolitik/72624/verguetungssystem?p=all. Zugegriffen: 09. Juni 2014.

10. Gerlinger, T., & Burkhardt, W. (2012i). Organisationen und Institutionen der Selbstverwaltung. http://www.bpb.de/politik/innenpolitik/gesundheitspolitik/72733/organisationen-und-institutionen. http://www.bpb.de/politik/innenpolitik/gesundheitspolitik/72624/verguetungssystem?p=all. Zugegriffen: 09. Juni 2014.

11. http://www.bah-bonn.de/. Zugegriffen: 09. Juni 2014.

12. Kaiser, T. (14. Januar 2014). www.welt.de. http://www.welt.de/wirtschaft/article124010016/Deutsches-Gesundheitswesen-ist-das-Geld-nicht-wert.html. Zugegriffen: 05. Sept. 2014.

13. Gutachten 2005 des Sachverständigenrates zur Begutachtung der Entwicklung im Gesundheitswesen. http://dip21.bundestag.de/dip21/btd/15/056/1505670.pdf. Zugegriffen: 09. Juni 2014.

14. Gerlinger, T., & Burkhardt, W. (2012). Die gesetzliche Krankenversicherung im System der sozialen Sicherung. http://www.bpb.de/politik/innenpolitik/gesundheitspolitik/72496/gkv-soziale-sicherung. Zugegriffen: 25. Mai 2014.

15. GKV Spitzenverband. (2014). Kennzahlen der gesetzlichen Krankenversicherung. http://www.gkv-spitzenverband.de/media/grafiken/gkv_kennzahlen/kennzahlen_gkv_2013_q4/GKV_Kennzahlen_Booklet_Q4-2013_300dpi_2014-03-21.pdf. Zugegriffen: 25. Mai 2014.

16. Bundesministerium für Gesundheit. (2012). Gesetzliche Krankenversicherung Personal und Verwaltungskosten. http://www.bmg.bund.de/fileadmin/dateien/Downloads/Statistiken/GKV/Kennzahlen_Daten/KG1_2012_Stand_Jan_2014.pdf. Zugegriffen: 02. Juni 2014.

17. Verband der Privaten Krankenversicherung e. V. (2012). http://www.pkv.de/service/bro-schueren/daten-und-zahlen/zahlenbericht-2012.pdf. Zugegriffen 02. Juni 2014.
18. Deutsche Krankenhausgesellschaft. (2014). Krankenhausstatistik. http://www.dkgev.de/media/file/15932.2014-02-11_Foliensatz_Krankenhausstatistik_aktuell.pdf. Zugegriffen: 08. Juni 2014.
19. Gerlinger, T., & Burkhardt, W. (2012k). Die wichtigsten Akteure im deutschen Gesundheitswesen. Teil 3: Institutionen und Interessenvertretungen. http://www.bpb.de/politik/innenpolitik/gesundheitspolitik/72588/institutionen-und-interessenvertretungen. Zugegriffen: 08. Juni 2014.
20. https://www.iqwig.de. Zugegriffen: 09. Juni 2014.
21. Simon, M. (2013). Das deutsche DRG-System: Grundsätzliche Konstruktionsfehler. *Deutsches Ärzteblatt, 110*(39): A-1782 / B-1572 / C-1548. http://www.aerzteblatt.de/archiv/146774/Das-deutsche-DRG-System-Grundsaetzliche-Konstruktionsfehler. Zugegriffen: 09. Juni 2014.
22. http://www.bpi.de/. Zugegriffen: 09. Juni 2014.
23. Nagel, L., & Neller, M. (2013). Das Geschäft der dubiosen Patientenvermittler. http://www.welt.de/wirtschaft/article122934103/Das-Geschaeft-der-dubiosen-Patientenvermittler.html. Zugegriffen: 18. Mai 2014.
24. OECD Health Data: Health expenditure and financing: OECD Health Statistics (database). http://www.oecd-ilibrary.org/sites/hlthxp-total-table-2013-2-en/index.html?-contentType=%2fns%2fStatisticalPublication%2c%2fns%2fTable%2c%2fns%2fKeyTableEdition&itemId=%2fcontent%2ftable%2fhlthxp-total-table-2013-2-en&mimeType=text%2fhtml&containerItemId=%. Zugegriffen: 05. Sept. 2014.
25. Gesetz zum ordnungspolitischen Rahmen der Krankenhausfinanzierung ab dem Jahr 2009 (Krankenhausfinanzierungsreformgesetz – KHRG) vom 17. März 2009 BGBl. I S. 534.
26. http://apps.who.int/trialsearch/. Zugegriffen: 09. Juni 2014.
27. Gerlinger, T., & Burkhardt, W. (2012l). Die gegliederte Krankenversicherung. http://www.bpb.de/politik/innenpolitik/gesundheitspolitik/72510/gegliederte-gkv. Zugegriffen: 25. Mai 2014.
28. http://www.vfa.de/. Zugegriffen: 09. Juni 2014.
29. Gerlinger, T., & Burkhardt, W. (2012m). Grundprobleme der Vergütung ärztlicher Leistungen. http://www.bpb.de/politik/innenpolitik/gesundheitspolitik/72624/verguetungssystem?p=all. Zugegriffen: 09. Juni 2014.
30. Gerlinger, T., & Burkhardt, W. (2012n). Die gegliederte Krankenversicherung. http://www.bpb.de/politik/innenpolitik/gesundheitspolitik/72510/gegliederte-gkv. Zugegriffen: 02. Juni 2014.
31. Gerlinger, T., & Burkhardt, W. (2012o). Finanzierung und Vergütung vertragsärztlicher Leistungen in der gesetzlichen Krankenversicherung. http://www.bpb.de/politik/innenpolitik/gesundheitspolitik/72616/verguetung-vertragsaerztlicher-leistungen?p=all. Zugegriffen: 09. Juni 2014.

# Das deutsche Gesundheitssystem aus der Sicht des Arztes

**2**

## 2.1 Was ist ein Arzt?

Diese Frage mag ähnlich seltsam klingen wie die Frage „Was ist ein Kraftfahrzeugmechaniker?". Die Antwort auf letztere Frage ist klar: „Jemand, der Fahrzeuge wartet und repariert".

Doch im Folgenden werden wir sehen, dass die Beantwortung der Frage, was ein Arzt ist oder macht, bei weitem nicht so einfach ist, insbesondere wenn man die Randbereiche des Medizinischen betrachtet.

Laut Wikipedia beschäftigt sich ein Arzt mit der Prävention, Erkennung, Behandlung und Nachsorge von Krankheiten und Verletzungen [1].

Diese Definition ist aber sicher nicht ausreichend, da zum Beispiel die Reproduktionsmedizin sich relativ wenig mit Krankheiten oder Verletzungen befasst, sondern mit der natürlichen und assistierten Fortpflanzung und ihren Störungen.

Auch gibt es den ärztlichen Beruf des medizinischen Controllers, der sich hauptsächlich damit befasst, wie eine medizinische Behandlung am besten im Krankenhaus abgerechnet werden kann und ebenfalls höchstens indirekt mit klassischer ärztlicher Tätigkeit in Berührung kommt.

Im Folgenden soll ausgeführt werden, dass die Recherche nach einer guten Definition, was ein Arzt ist, selbst bei Bundesgremien schwierig ist und offizielle Einigkeit bisher noch nicht erreicht worden ist.

Auf der Webseite der Gesundheitsberichterstattung des Bundes (Verantwortlicher ist das Statistische Bundesamt) findet man folgende Definition (inklusive des Quellenhinweises www.wissen.de):

Ärzte sind Heilbehandler und Sachverständige auf dem Gebiet des Gesundheitswesens mit staatlicher Approbation (Bestallung) nach abgeschlossenem Hochschulstudium. Die Tätigkeit als praktischer Arzt kann er erst ausüben, wenn er sich „niedergelassen" hat. Zur

© Springer Fachmedien Wiesbaden 2016
C. Renner, *Der Arzt in der Wirtschaft*,
DOI 10.1007/978-3-658-07059-5_2

Ausübung der Tätigkeit bei den gesetzlichen Krankenkassen benötigt er die Zulassung als Kassenarzt. Die Niederlassung ist entweder als praktischer Arzt (Arzt für Allgemeinmedizin) oder als Facharzt möglich. Der Arzt unterliegt in seiner Tätigkeit der Schweigepflicht. Es gibt Ärzte, die ausschließlich oder daneben öffentlich-rechtliche Aufgaben auf dem Gebiet des Gesundheitswesens wahrnehmen, z. B. die Amtsärzte, die eine besondere Staatsprüfung ablegen müssen, aber auch die Vertrauensärzte der Versicherungskörperschaften. Die Grundsätze des ärztlichen Berufs sind in der Neufassung der Bundesärzteordnung vom 16.4.1987 geregelt. Daneben ist das Recht des Arztes in der Bestallungsordnung für Ärzte, der Approbationsordnung für Ärzte und der Gebührenordnung für Ärzte zusammengefasst. Für den Kranken gilt die freie Arztwahl, für den Kassenpatienten mit der Einschränkung, dass er nur unter den Kassenärzten wählen darf (Quelle: www.wissen.de) [2].

Ärzte sind also Heilbehandler und Sachverständige auf dem Gebiet des Gesundheitswesens mit staatlicher Approbation.

Auch diese Definition scheint mir nicht vollständig zu sein, da zum Beispiel Ärzte in der Forschung nur unzureichend integriert sind.

Vielleicht hilft es ja, wenn man darauf schaut, was ein Arzt macht, nach dem Motto „Sage mir, was du machst, und ich sage dir, was du bist". Eine Definition von ärztlicher Tätigkeit findet sich z. B. bei der Ärztekammer Westfalen-Lippe:

Tätigkeit, bei der ärztliche Fachkenntnisse vorausgesetzt, eingesetzt, mit verwendet werden oder werden können. Z. B. Tätigkeit in Lehre, in Forschung, in Wirtschaft und Industrie, in der Verwaltung, als Fachjournalist, gelegentliche Tätigkeit als Gutachter, Praxisvertreter, ärztlicher Notfalldienst, Honorararzt, ärztlicher Direktor, Medizincontroller, ärztlicher Qualitätsmanager, ehrenamtliche Tätigkeit in der Berufspolitik und ärztlicher Selbstverwaltung [3].

Diese Definition erklärt, dass bei ärztlichen Tätigkeiten ärztliche Fachkenntnisse vorausgesetzt und eingesetzt werden.

Nur, wo beginnen ärztliche Fachkenntnisse und wo hören sie auf?

Um dies herauszufinden, müssen wir wohl zum Äußersten schreiten und in der Bundesärzteordnung nachlesen, was über ärztliches Fachwissen und ärztliche Tätigkeit geschrieben steht.

Hier seien einige wichtige Auszüge zitiert:

§ 1

1. Der Arzt dient der Gesundheit des einzelnen Menschen und des gesamten Volkes.
2. Der ärztliche Beruf ist kein Gewerbe; er ist seiner Natur nach ein freier Beruf.

§ 2

1. Wer im Geltungsbereich dieses Gesetzes den ärztlichen Beruf ausüben will, bedarf der Approbation als Arzt.
5. Ausübung des ärztlichen Berufs ist die Ausübung der Heilkunde unter der Berufsbezeichnung ‚Arzt' oder ‚Ärztin'.

§ 3

1. Die Approbation als Arzt ist auf Antrag zu erteilen, wenn der Antragsteller
2. sich nicht eines Verhaltens schuldig gemacht hat, aus dem sich seine Unwürdigkeit oder Unzuverlässigkeit zur Ausübung des ärztlichen Berufs ergibt,
3. nicht in gesundheitlicher Hinsicht zur Ausübung des Berufs ungeeignet ist,
4. nach einem Studium der Medizin an einer wissenschaftlichen Hochschule von mindestens sechs Jahren, von denen mindestens acht, höchstens zwölf Monate auf eine praktische Ausbildung in Krankenhäusern oder geeigneten Einrichtungen der ärztlichen Krankenversorgung entfallen müssen, die ärztliche Prüfung im Geltungsbereich dieses Gesetzes bestanden hat,
5. über die für die Ausübung der Berufstätigkeit erforderlichen Kenntnisse der deutschen Sprache verfügt (…) [4].

Insgesamt umfasst die Bundesärzteordnung 16 Paragrafen, jedoch lässt sich keine klare Definition für ärztliche Tätigkeit herauslesen. Zusammenfassend definiert sie lediglich den ärztlichen Beruf als Ausübung der Heilkunde von einem approbierten Arzt.

Eine Definition der Heilkunde können wir im Heilpraktikergesetz nachlesen, wobei der aufgeführte Paragraf nur beschreibt, was Heilkunde im Sinne des Heilpraktikergesetzes ist, ob aber diese Definition letztlich auch für Ärzte gilt, bleibt offen.

§ 1

1. Wer die Heilkunde, ohne als Arzt bestallt zu sein, ausüben will, bedarf dazu der Erlaubnis.
2. Ausübung der Heilkunde im Sinne dieses Gesetzes ist jede berufs- oder gewerbsmäßig vorgenommene Tätigkeit zur Feststellung, Heilung oder Linderung von Krankheiten, Leiden oder Körperschäden bei Menschen, auch wenn sie im Dienste von anderen ausgeübt wird [5].

Letztendlich sollte man davon ausgehen können, dass es sich um ärztliche Tätigkeit handelt, wenn folgende Bedingungen erfüllt sind:

• Die Tätigkeit wird von einem approbierten Arzt durchgeführt.
• Die Tätigkeit wird berufs- oder gewerbsmäßig durchgeführt.

- Die Tätigkeit, wozu auch die Beratung zählt, dient der Prävention, Diagnostik, Therapie oder Linderung von Krankheiten, Leiden, körperlichen Störungen oder Körperschäden bei Menschen.
- Die Tätigkeit muss nicht direkt, sondern kann auch im Dienst anderer ausgeführt werden.

Als ärztliche Fachkenntnisse müsste man demzufolge alles bezeichnen, was man an Wissen benötigt, um diese Tätigkeit und Beratung durchführen zu können.

Und damit ist eine ärztliche Tätigkeit auch in der Wirtschaft möglich, da doch gerade in der Wirtschaft ärztliches Fachwissen dringend notwendig ist, und dies nicht nur im Bereich Healthcare.

Jede Firma arbeitet nach dem Prinzip, welches uns Ärzten so vertraut ist: Prävention, Diagnostik, Beratung, Therapie von Krankheiten des Unternehmens, welche sich stets auf einen gemeinsamen Nenner reduzieren lassen: finanzieller Verlust.

Nun kann man argumentieren, dass die betriebswirtschaftlichen Fachkenntnisse doch stark von den ärztlichen Fachkenntnissen differieren. Aber man muss noch gar nicht so weit gehen, sich darüber Gedanken zu machen, wo in der Betriebswirtschaft für einen Arzt die ärztliche Tätigkeit anfängt oder aufhört. Schon viel früher wird die ärztliche Tätigkeit trotz angewandter ärztlicher Fachkenntnisse infrage gestellt:

Erstaunlicherweise hat das Landessozialgericht (LSG) Baden-Württemberg in einem Urteil vom 8. Oktober 2010 beschlossen, dass ein Arzt nicht mehr ärztlich tätig ist und damit von der gesetzlichen Rentenversicherung befreiungsberechtigt ist, wenn er als Pharmareferent beschäftigt ist.

Die Begründung mutet seltsam an:

Auch Personen mit einem anderen („nichtärztlichen") beruflichen Werdegang könnten als Pharmareferent gemäß § 75 Abs. 2 Arzneimittelgesetz (AMG) tätig sein. Dass Ärzte besonders gute Voraussetzungen mitbrächten, reiche im Befreiungsrecht nicht aus, um von einer berufsgruppenspezifischen Beschäftigung auszugehen [6].

In weiteren Urteilen zeigt sich jedoch, dass andere Gerichte dies anders sehen. Dafür werden folgende Gründe genannt:

Die berufsständischen Kammern nehmen die Belange der Gesamtheit der von ihr vertretenen Berufsangehörigen wahr und sollen dafür die Erfahrungen von Berufsangehörigen aus allen Tätigkeitsbereichen nutzen (…). Eine ärztliche Tätigkeit ist deshalb immer dann anzunehmen, wenn die Anwendung oder Mitverwendung von ärztlichem Wissen der Tätigkeit ihr „Gepräge" gibt (…). Zwar könnte der Begriff der „ärztlichen Tätigkeit" auch enger verstanden werden (...). Entscheidend ist aber, dass die konkrete Tätigkeit auf ärztlichem Wissen aufbaut und ihr zum Teil Aufgaben der medizinischen Aufklärung zukommen, wie sie vergleichbar auch von ambulant oder stationär praktizierenden Ärzten erbracht werden (...) [7].

Die Bundesärztekammer stellt in einem Arbeitspapier vom 15. Januar 2014 klar, dass der Begriff der ärztlichen Berufsausübung in der Regel nicht landesgesetzlich definiert ist. Die Ärztekammern geben jedoch eine Definition, die die Landesgesetzgeber verwenden können.

Es wird auch auf die unterschiedliche Darstellung in der Bundesärzteordnung und den Kammer- und Heilberufegesetzen hingewiesen.

Letztendlich wird dargelegt, dass der Senat des Bundessozialgerichts in einem Urteil von 31. Oktober 2012 [8] feststellt, dass das SGB VI (Gesetzliche Rentenversicherung) nicht klärt, welche inhaltlichen Kriterien erfüllt sein müssen, damit von einer ärztlichen Tätigkeit ausgegangen werden darf. Gleichzeitig stellt er auch fest, dass die ärztlichen Kammern und Versorgungseinrichtungen ärztliche Tätigkeit definieren.

Als ärztliche Berufe und ärztliche Tätigkeit im Sinne des Kammerrechts wurde von diversen Gerichten Folgendes konkretisiert [61]:

- Forschung und Lehre an Hochschulen und Universitäten
- Arzt im öffentlichen Dienst und in der Gesundheitsverwaltung
- Wissenschaftlicher Mitarbeiter in der Pharmaindustrie
- Vorstandstätigkeit bei der Ärztekammer

Aber auch der Beruf des Medizinjournalisten wurde als eine ärztliche Tätigkeit vom Bundessozialgericht anerkannt [9].

Zusammenfassend betrachtet ist es tatsächlich nicht leicht zu bestimmen, was ärztliche Tätigkeit ist und was sie nicht ist. Wenn diese weit auslegt wird, können selbst Betriebswirtschaft, Jura oder andere Bereiche dem Gesundheitswesen zugesprochen werden. Da sich das Gesundheitswesen ja mit der Prävention, Erkennung, Beratung und Therapie von seelischen und körperlichen Gebrechen beschäftigt und nichts der Gesundheit zuträglicher ist als Erfolg und Freude, Vermeidung von Disstress und Erzielen von Eustress, kann sämtliche berufliche Tätigkeit, die ein Arzt durchführt, um für sich und andere etwas Positives zu bewirken, als ärztliche Tätigkeit angesehen werden. Wie oft bekommt ein Mediziner das Argument zu hören „Sie als Arzt wissen das natürlich".

Und damit kommen wir im nächsten Abschnitt zum Mythos des allwissenden einkommensunabhängigen Arztes.

## 2.1.1   Warum ein Arzt kein Geld braucht

In der Gesellschaft gibt es verschiedene typische Klischees von einem Arzt. Eines soll hier aufgezeigt werden.

Das Bild sieht stark übertrieben in etwa so aus: Ein Arzt ist ein weiser, gebildeter Mensch, der über alle Belange des menschlichen Körpers Bescheid weiß, Geheimnisse über uns kennt, die sonst keiner weiß, und dieses Wissen, das ihm irgendwann einmal von irgendwoher gegeben wurde, benutzt, um uns zu helfen, wenn wir ein Problem mit unserem Körper haben. Da er nicht nur unsagbar reich an Wissen ist, sondern auch noch über unbegrenzte finanzielle Ressourcen verfügt und kein Geld zum Leben braucht, da ihm alles zufliegt, so wie ihm auch sein Wissen zugeflogen ist, kann er sich auch unbegrenzt um die armen Menschen kümmern, die seiner Hilfe bedürfen. Denn der Arzt ist ja ein Halbgott in Weiß und damit sozusagen zur Barmherzigkeit verpflichtet.

Und Göttern bezahlt man ja sonst auch nichts, zumindest nicht monetär, man opfert ihnen höchstens. Und welches Opfer könnte denn mehr Ehrenbezeugung sein als z. B. die Blutabgabe, die wir dem Arzt gerne geben, wenn er es verlangt.

Dafür ist er gnädig mit den reuigen Sündern des Nikotins, Cholesterins, Alkohols, Zuckers und den vielen sonstigen schlechten Angewohnheiten. Die Sünder nehmen doch die verschriebenen Medikamente wie Gebete täglich ein, damit die kleinen Verfehlungen des Alltags nicht ganz so schlimme Folgen haben werden.

Ach ja, und außerdem wird ja doch etwas für die medizinische Versorgung gezahlt, die allen zusteht so wie den Gläubigen die Sakramente. Ähnlich wie die Kirchensteuer wird allen der Krankenkassenbeitrag direkt vom Lohn abgezogen und damit die Maut zur medizinischen Seligkeit an den Staat bezahlt.

Was und wie viel genau damit bezahlt wird, kann einem theoretisch ja egal sein, denn den Ärzten geht es in ihrer olympischen Seligkeit ohnehin so gut.

Selbstverständlich ist das Geschriebene stark überspitzt, aber gewisse Parallelen zwischen Medizin und der abendländischen Religion sollen hier, wenn auch übertrieben, dargestellt werden, um ein tief gehendes Problem der Ärzte aufzuzeigen. Es ist dabei in keiner Weise die Absicht des Autors, religiöse Gefühle zu verletzen oder religiösen Glauben lächerlich zu machen.

Doch das Beispiel ist nicht ganz abwegig, wenn man zudem betrachtet, dass die Kirchensteuer in den meisten Bundesländern 9 % beträgt. Das ist mehr als der Beitrag, den der Arbeitnehmer für seine gesetzliche Krankenversicherung selber trägt. Von den derzeit 15,5 % zahlt der Arbeitnehmer 8,2 % und der Arbeitgeber 7,8 %.

Der klassische Arzt, der sich tatsächlich um das Wohl des Patienten kümmert und hierfür die Bereiche Prävention, Diagnostik, Beratung, Therapie und Nachsorge ernsthaft betreibt, kann und will dies nicht nur aus reiner Nächstenliebe tun. Das Wissen des Arztes ist nicht kostenlos und auch nicht investitionsfrei in den Arzt eingedrungen. Er hat mindestens sechs Jahre seines Lebens dafür aufgewendet und durch unbezahlte vorärztliche Tätigkeiten (diverse Praktika inklusive des praktischen Jahres) sowie im Vergleich zu anderen Berufsfeldern die unterbezahlte Beschäftigung als Assistenzarzt viel Zeit und wahrscheinlich auch Geld eingebracht.

In der Betriebswirtschaft ist eine Investition eine Bindung von Mitteln in Vermögensgegenstände, die in der Regel erbracht wird, um hieraus Erträge zu erzielen. Im Falle der ärztlichen Ausbildung ist der Vermögensgegenstand der Arzt selber, der seine Lebenszeit investiert hat.

Eine wichtige Ursache für das Dilemma, welches Ärzte in Bezug auf leistungsgerechte Bezahlung haben, könnte auch darin liegen, dass das medizinische Studium in der Regel keinen betriebswirtschaftlichen Abschnitt enthält und dass das Helfen Notleidender eine ethische Pflicht darstellt, die schon Immanuel Kant beschrieben hat. Der Gesetzgeber tut ein Übriges, indem er, aus moralischer Sicht völlig zu Recht, die Hilfspflicht über z. B. ökonomische Aspekte stellt [10]. Da im deutschen Gesundheitssystem für Kassenpatienten das Sachleistungsprinzip verankert ist und so der Patient in der Regel nie mit einer Rechnung in Berührung kommt, ist für ihn, bis auf kleinere Geldbeträge, die ärztliche Behandlung kostenfrei. Somit kann die ärztliche Hilfeleistung zumindest unterbewusst als humanitär verpflichtete Behandlung ohne messbaren finanziellen Gegenwert angesehen werden, auch wenn der Arzt, rechtlich gesehen, außer bei Notfallpatienten oder besonderen rechtlichen Verpflichtungen, die ärztliche Behandlung ablehnen kann. Ärzte sind historisch bedingt bei der überwiegenden Mehrheit der Patienten nicht in der Lage, selber zu bestimmen, was der finanzielle Wert ihrer Dienstleistung ist, und damit abgeschnitten von den marktwirtschaftlichen Gesetzen der Preisbestimmung durch das Verhältnis von Angebot und Nachfrage.

Die Süddeutsche Zeitung erkennt, was die Ärzte in Deutschland heute wirklich sind: „Hanswürste in Weiß". Der Autor, selber Arzt am Friedrich-Baur-Institut der Neurologischen Klinik und Poliklinik der Ludwig-Maximilians-Universität München, beschreibt den Klinikarzt der Moderne als Sklavenarbeiter mit Selbstwertproblem. Und er beschreibt die 50 % der Medizinstudenten des ersten Semesters 1997, die nie als Klinikarzt tätig wurden, weil sie entweder das Studium nicht zu Ende führten oder in alternative Berufsfelder gingen. Auch wichtige Aspekte wie die Ausbildung der

Assistenzärzte oder die Zeit des Arztes für das Patientengespräch werden aufgeführt [11].

Der Autor des Artikels zielt auf die Klinikärzte und deren Arbeitsbedingungen, welche in den nächsten Abschnitten dieses Buches erläutert werden.

Die Arbeitsbedingungen der Klinik – sowie auch der niedergelassenen Ärzte – sind natürlich von den zur Verfügung stehenden finanziellen Mitteln abhängig. Wo viel Geld ist, ist es auch leichter, ein attraktives Arbeitsfeld zu schaffen. Dass die Arbeitsbedingungen auch im niedergelassenen Bereich nicht optimal sind, kann zum Beispiel an dem entsprechenden Mangel an Nachwuchs erkannt werden, der die kassenärztliche Bundesvereinigung dazu veranlasst hat, eine bundesweite Werbekampagne für niedergelassene Ärzte durchzuführen (Abb. 2.1).

Daher soll im folgenden Abschnitt die Berufssituation der niedergelassenen Ärzte und daran anschließend die der Klinikärzte erörtert werden.

**Abb. 2.1** Plakatmotiv Ärztemangel. (KBV)

## 2.2  Situation der niedergelassenen Ärzte

Es gibt durchaus viele Ärzte, die sehr zufrieden mit ihrer ärztlichen Tätigkeit sind und die sich freuen, diesen Beruf ergriffen zu haben. Es soll nicht bestritten werden, dass als niedergelassener Arzt auch gutes Geld verdient werden kann, doch sind klassische Faktoren wie Arbeitszeit und Ausbildungsniveau und selbst Patientenzahlen keine Garanten mehr dafür.

Laut einer Studie des Instituts der deutschen Wirtschaft sind 36 % der kurativ tätigen Humanmediziner selbstständig [12].

Vieles scheint heutzutage eher von Glück (das richtige medizinische Berufsfeld ergriffen zu haben) und externer Steuerung durch dienstleistungsferne Entscheidungsorgane beeinflusst zu werden.

Als Beispiel kann die Budgetdeckelung der ambulanten Versorgung angeführt werden.

Wie im vorangegangenen Abschnitt aufgeführt, besteht eine Deckelung im ambulanten kassenärztlichen Bereich (siehe Abschn. 1.3.1). Bei steigendem Versorgungsbedarf müssen die Vertragsärzte unter dem Budgetdeckel entweder unentgeltlich mehr leisten oder einen Teil des wachsenden Behandlungsbedarfs unerledigt lassen [13].

Es gibt jedoch Leistungen, die nicht unter diese Budgetregulierung fallen. Diese werden als außerbudgetär oder extrabudgetär bezeichnet. Die entsprechende Regelung hierzu findet sich im SBG V § 87a Abs. 3 Satz 5. Danach können außerhalb der von den Krankenkassen an die Kassenärztliche Vereinigung zu zahlenden morbiditätsbedingten Gesamtvergütung weitere vertragsärztliche Leistungen mit den Preisen der Euro-Gebührenordnung vergütet werden, wenn sie besonders gefördert werden sollen, soweit dies medizinisch oder aufgrund von Besonderheiten bei der Veranlassung und Ausführung der Leistungserbringung erforderlich ist. Nicht budgetierte Leistungen werden zusätzlich zur budgetierten Gesamtvergütung im Rahmen der Einzelabrechnung von den Kassen bezahlt.

Die Krankenkassen haben jedoch die Möglichkeit der Bereinigung. Hierbei werden die extrabudgetär gezahlten Leistungen von der budgetierten Gesamtvergütung abgezogen.

In einer Grafik auf der Webseite www.honorarluege.de sieht das am Beispiel der KV Nordrhein so aus (Abb. 2.2):

Eine Liste der extrabudgetären Leistungen ist bei den jeweiligen KVen erhältlich. Beispielhaft hier der Link für die KV Baden-Württemberg [14]:

Letztendlich gehen die unbudgetierten Leistungen zulasten der Honorare von Ärzten, die keine unbudgetierten Leistungen erbringen können, da die EBM sinkt, weil der Gesamtbeitrag der Krankenkassen für die ambulante Versorgung an die Einnahmen der Krankenkassen gekoppelt ist.

Die Honorare sind auch nicht mit dem Nettoeinkommen der Ärzte zu verwechseln. Laut der KBV beträgt das Nettoeinkommen durchschnittlich 23,5 % des Honorars. Der Rest wird für folgende Kosten verwendet:

- Praxiskosten, zum Beispiel für Personal, Miete, Energie, Versicherungen und medizinische Geräte. Diese Betriebsausgaben sind je nach Fachgruppe unterschiedlich hoch. Sie betragen im Durchschnitt über alle Gruppen 51,6 % des Honorarumsatzes.
- Steuerzahlungen (14,9 %)
- Berufsständische Altersversorgung (7,1 %)
- Aufwendungen für Kranken- und Pflegeversicherungen (2,8 %)

Im Durchschnitt verdiente ein niedergelassener Arzt 2011 durch Honorare 5442 € monatlich [15]. Wie hoch schließlich der endgültige Nettoverdienst des Arztes ist, lässt sich statistisch nicht gut erfassen, da dies von weiteren Faktoren wie Anzahl und Art der Leistungen im privatärztlichen und sonstigen ärztlichen Sektor abhängt.

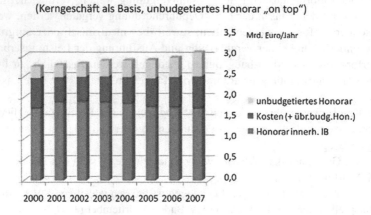

**Abb. 2.2** Budgetiertes und unbudgetiertes Honorar und Kosten. (http://www.luege-der-woche.de/vom-kopf-auf-d-fuesse.html)

Von der KBV werden regelmäßig Quartals-Honorarberichte erstellt und auf der Webseite der KBV veröffentlicht. Im Honorarbericht für das erste Quartal 2013 [16] sind statistische Zahlen für einzelne Fachgruppen aufgeführt. Unter anderem findet man auch eine Aufstellung der Honorarumsätze und Honorarüberschüsse. Die Honorarüberschüsse wurden anhand von Zahlen berechnet, die vom Zi-Praxis-Panel (ZIPP) [17] veröffentlicht werden. Die Kostensätze des ZIPP beziehen sich auf das Jahr 2011, die Honorarumsätze auf das 1. Quartal 2013. Die Berechnung erfolgte nach der Formel:

$$\text{Honorarumsatz} \times (1 - \text{Kostensatz (\%))} = \text{Uberschuss}$$

In Abb. 2.3 wurden vom Autor die aufgeführten Zahlen auf das Jahr extrapoliert und die Honorarumsätze und Honorarüberschüsse gegenübergestellt.

Da vom ZIPP keine Kostensätze für die Bereiche Innere Medizin, SP Endokrinologie, SP Nephrologie vorlagen, wurden diese vom Autor aus der

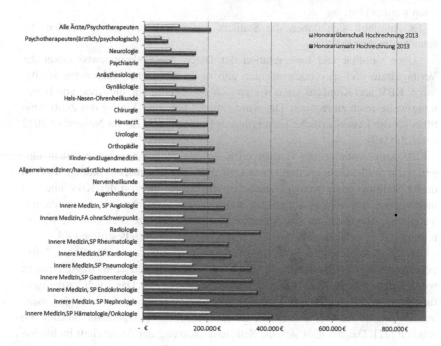

**Abb. 2.3** Honorarumsatz und Honorarüberschuss. (Extrapoliert aus Zahlen der KBV und des Statistischen Bundesamts)

Kostenstrukturanalyse des Statistischen Bundesamts von 2011 [63] errechnet, wobei kein Anspruch auf Richtigkeit erhoben wird.

Die Honorare und die Honorarüberschüsse sind unterschiedlich für die jeweiligen Fachgruppen. Auch zeigt das ZIPP in einer Analyse auf, dass die Statistik nicht wirklich hilfreich ist, da systematische Fehler nicht vermeidbar sind. Die Daten wurden aus Stichproben gewonnen und statistisch extrapoliert. Als Kritikpunkte werden genannt:

- Zweck der Statistik verändert die Stichprobe.
- Stichprobenzusammensetzung vermittelt zu hohe Mittelwerte für Umsatz, Kosten und Überschuss.
- Zusammensetzung und Besetzung der Fachgruppen weicht vom Bundesarztregister ab.
- Vergleiche zwischen KSA 2007 und KSA 2011 sind irreführend.

Anmerkung: Die ausführliche Begründung kann im Arbeitsblatt der ZIPP nachgelesen werden [18].

Es empfiehlt sich daher, die Statistik unter Vorbehalt zu verwenden. So schreibt das Ärzteblatt:

„Über Validität und Interpretation der Daten zur Einkommenssituation der Vertragsärzte und -psychotherapeuten gab es in den letzten Jahren regelmäßig Streit. KBV und Krankenkassen warfen sich gegenseitig vor, die Ärzte arm beziehungsweise reich zu rechnen. Das wurde zuletzt bei einer Tagung des Zentralinstituts für die kassenärztliche Versorgung in Deutschland (ZI) im November 2012 deutlich" [19].

Die Argumentation der Barmer GEK zu den Honoraren der ambulant tätigen Ärzte verdeutlicht ebenfalls, wie kontrovers die Thematik diskutiert wird. In dieser Stellungnahme werden sämtliche Argumente, die von der KBV und den niedergelassenen Ärzten aufgeführt werden, wie Ärztemangel, unzureichende Vergütung, Abwanderung von Ärzten ins Ausland, zunehmende Insolvenzen, Verteilung von Honoraren zwischen Arztgruppen und Regionen bestritten [20].

Wichtige Argumente wie hohe Arbeitsbelastung, steigende Bürokratie, Infragestellung der Freiberuflichkeit durch zu starke gesetzliche Regulierungen werden dem von der Ärzteschaft entgegengehalten [21]. Das Buch „Arbeitsbedingungen und Befinden von Ärztinnen und Ärzten: Befunde und Interventionen" von Bestmann, Küchler und Henne-Brunns belegt diese Argumente anhand von Studien [22]. Danach lässt sich die Selbsteinschätzung der Ärzteschaft im niedergelassenen Bereich in folgenden Punkten zusammenfassen:

- Wochenarbeitszeit von 55 bis 60 h
- Gefühl von Zeitdruck und Stress und zu wenig Zeit für Patienten
- Übermaß an Bürokratie
- Zu wenig Freizeit und Zeit für die Familie
- Unzureichendes Einkommen
- Gefühl von mangelnder gesellschaftlicher Anerkennung
- Gefühl einer unsicheren Zukunft
- Bedrohung der Autonomie der Profession durch zunehmende „managed care"-Versorgung und ökonomischen Druck
- Missverhältnis von investierter Energie und zurückkommender Belohnung
- Burn-out-Anzeichen bzw. Suchtmittelkonsum bei einer Minderheit der Ärzte

Laut der Studie würden 63,0 % der männlichen und 68,1 % der weiblichen Ärzte sich zu den gegenwärtigen Bedingungen auch heute wieder für diesen Beruf entscheiden.Einem Artikel des deutschen Ärzteblatts [23] lassen sich unter anderem folgende Feststellungen zur Zufriedenheit der Ärzte entnehmen:

- Deutlich unzufriedener als die ‚Normalbevölkerung' sind die Ärztinnen und Ärzte mit Arbeit, Freizeit und den Möglichkeiten der Kinderbetreuung. Zufriedener sind sie hingegen mit ihrer Gesundheit. (…)
- Tendenziell sind die Krankenhausärzte etwas zufriedener als die Niedergelassenen, wobei hier die rechtsschiefe Verteilung verdeutlicht, dass einige Niedergelassene extrem unzufrieden sind, während sich die Unzufriedenheit der Kliniker symmetrisch verteilt. (…)
- Die signifikant (inhaltlich wie statistisch) höhere Unzufriedenheit, insbesondere im familiären Bereich, deutet an, dass für Ärztinnen die Kombination ‚Beruf und Familie' nach wie vor schwieriger ist als für ihre männlichen Kollegen. (…)
- Die Hypothese, dass die berufliche Unzufriedenheit der Ärzte darauf zurückzuführen ist, dass sie generell unzufriedener sind als der ‚Durchschnittsbürger', lässt sich anhand der vorliegenden Daten nicht belegen (…).

In einer Studie im Auftrag der Kassenärztlichen Vereinigung Schleswig-Holstein von 2005 [24] ist zu lesen:

74,1 % der Ärzte fühlen sich in der Therapiewahl eingeschränkt. (…)
74,0 % beklagen, die Höhe ihres Einkommens nur in geringem oder keinem Maße beeinflussen zu können. (…)
60,9 % der befragten Mediziner geben an, dass die Erwartungshaltung der Patienten eher oder deutlich überzogen ist. (…)
Die Zusammenarbeit mit einzelnen Akteuren im Gesundheitssystem wird in unterschiedlich starker Weise von positiven und negativen Erfahrungen geprägt. Am

besten wird dabei die Zusammenarbeit mit anderen niedergelassenen Ärzten beurteilt, während positive Erfahrungen mit Krankenhäusern deutlich seltener gesammelt werden. Krankenkassen und KVSH schneiden hierbei ebenfalls schlechter ab, wobei der KVSH ein deutlicher Kompetenzvorsprung gegenüber den Krankenkassen bescheinigt wird (…).

Zusammenfassend kann man anführen, dass die Niederlassung zusätzliche Chancen zur Karriere als Klinikarzt mit sich bringt, insbesondere in Bezug auf die eigenständige Möglichkeit der Gestaltung des Arbeitsfelds.

Laut Bundesärztekammer gab es 2013 in Deutschland rund 123.300 niedergelassene Ärzte. Das entspricht 26 % der Ärzte bei einer Gesamtzahl von 470.400 Ärzten [25].

Bei der Wahl der Niederlassungsform empfiehlt sich eine frühzeitige Informationssuche. Auch besteht meistens eine Warteliste, auf die sich frühestmöglich eingetragen werden sollte. Die KBV, KVen, Bundesärztekammer, Buchverlage und kommerzielle Existenzgründungsdienstleister bieten hierzu vielfältiges Informationsmaterial an. Mögliche Formen der Niederlassung umfassen:

- Praxisneugründung
- Praxisübernahme
- Gemeinschaftspraxis
- Praxisgemeinschaft
- Anstellung
- Jobsharing-Praxis
- MVZ

Durch eine Niederlassung kann das Einkommen im Vergleich zur Tätigkeit als Klinikarzt gesteigert werden, aber eine Garantie hierfür besteht nicht. Auch sollte bedacht werden, ob der Wille besteht, die allgemeinen Risiken einer Selbstständigkeit zu tragen. Siehe hierzu auch die Abbildung der Kampagne der KBV [26] (Abb. 2.4).

Schließlich sollte sich darüber klar geworden sein: Ein Selbstständiger arbeitet in der Regel „selbst" und „ständig".

Als Risiken der Selbstständigkeit sind zu nennen:

- Einnahmenunsicherheit
- Krankheit
- Investitionskosten
- Fehlende unternehmerische Fähigkeiten (Marketing, Buchhaltung, Personalführung, Controlling, Geschäftsführung)

**Abb. 2.4**  Ich bin Hausarzt und Manager. (http://www.ihre-aerzte.de/fileadmin/kbv/Pla-kate2/Download/Plakatmotiv_02_3508×2480_Gerber.jpg)

Die Chancen einer Niederlassung beinhalten:

- Selbstverwirklichung
- Selbstgestaltung des Arbeitsfelds
- Anerkennung und Sozialprestige
- Langzeitbegleitung von Patienten
- Erhöhte Einflussnahme auf das Einkommen
- Direkte Einflussnahme auf Teilnahme an kassenärztlichen Bereitschaftsdiensten

Wichtige vorbereitende Schritte sind:

- Standortanalyse
- Betriebswirtschaftliche Analyse bei Praxisübernahme
- Sorgfältige Kalkulation bei Kreditnahme unter Einplanung einer unerwarteten Verzögerung der Einnahmen

- Planung von Liquiditätsreserven
- Worst-Case-Kalkulation
- Erstellung eines Businessplans
- Erstellung von Marketingkonzepten (Wie hebe ich mich vom Wettbewerb ab?)
- Erneute betriebswirtschaftliche Prüfung innerhalb weniger Monate nach Beginn der Niederlassung

Gegebenenfalls ist es zu empfehlen, begleitend einen betriebswirtschaftlichen Fachkurs oder ein Seminar aufzusuchen.

Die Intention dieses Abschnitts war, Möglichkeiten ärztlicher Selbstständigkeit aufzuzeigen. Die hier dargelegten Aspekte sollen jedoch nur Gedankenanstöße geben und zu einer weitergehenden Recherche anregen.

Im Folgenden wird die Situation der Klinikärzte beleuchtet.

## 2.3 Situation der Klinikärzte

Zur Ausbildung des Arztes gehört die Assistenzarztzeit bei einem Weiterbilder. Dies ist in der Regel ein Krankenhaus. Auch bieten die Krankenhäuser eine wichtige Karrieremöglichkeit als Oberarzt oder Chefarzt. Immerhin sind laut Statistischem Bundesamt von 348.700 Ärzten in Deutschland 45 % (159.764) in einem Krankenhaus tätig [27].

Die Arbeitszufriedenheit der Ärzte im Krankenhaus ist in der letzten Zeit sehr in den Fokus gerückt und zahlreiche Publikationen beschäftigen sich mit diesem Thema. Dass die Arbeitszufriedenheit das Wohlbefinden der Ärzte und die Qualität der medizinischen Versorgung beeinflusst, ist evident [28–33, 62].

Die letzten Ärztestreiks in Deutschland hatten zwar primär das Ziel eines eigenen Tarifvertrags, aber sicherlich spielen auch andere Gründe für die gestiegene Streikbereitschaft der Klinikärzte eine Rolle. In der Hauptsache sind hier zunehmende Arbeitsbelastungen wie etwa Zeitdruck, Verwaltungsaufwand, ungenügende Verdienstmöglichkeiten, schlechtes Arbeitsklima, starre hierarchische Strukturen und schwierige Vereinbarkeit des Berufs mit der Familie zu nennen [34, 35].

Abb. 2.5 zeigt die in einer Studie von 2008 ermittelte Zufriedenheit der Klinikärzte nach Fachgruppen (Anmerkung: Die Studie hat Punktwerte auf einer Skala von 1–7 vergeben. Der Autor des vorliegenden Buches hat diese Punktwerte auf Prozentwerte umgerechnet. 7 Punkte = 100 % zufrieden).

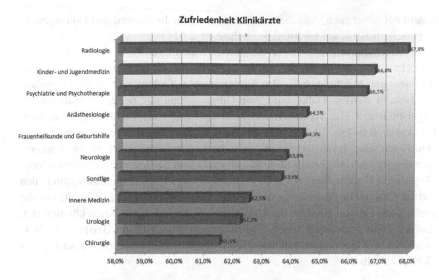

**Zufriedenheit Klinikärzte**

**Abb. 2.5**   Zufriedenheit der Klinikärzte nach Fachgruppen [57]

Auffällig ist, dass etwa die Internisten im niedergelassenen Bereich in der Stichprobe am zufriedensten erscheinen, während die Internisten im Krankenhaus das unterste Zufriedenheitsdrittel einnehmen.

Es kann angenommen werden, dass die Zufriedenheit im niedergelassenen Bereich nicht unwesentlich auch mit dem Einkommen zusammenhängt. Da jedoch das Einkommen der Krankenhausärzte recht konstant ist, spielen möglicherweise andere Faktoren wie Verwaltungsaufwand, Arbeitsklima, Vereinbarkeit des Berufs mit der Familie etc. für die Unterschiede eine wichtigere Rolle als die Einkommenshöhe.

Es soll zwar nicht generalisiert werden, jedoch wird mancher Kollege aus eigener Erfahrung vielleicht bestätigen, dass im Krankenhaus die Bereiche Innere Medizin und Chirurgie zu jenen zählen, in denen die Stimmung unter den Ärzten meist etwas angespannter ist als in anderen Fachgebieten.

Die Gründe hierfür sind sicher individuell verschieden, aber ein wichtiger Faktor ist meines Erachtens, wie anspruchsvoll und belastend die Bereitschaftsdienste in den Fachgruppen sind.

Eine Studie, die das Sächsische Staatsministerium für Wirtschaft und Arbeit durch das Institut für Arbeits-, Organisations- und Sozialpsychologie in Zusammenarbeit mit dem Staatlichen Gewerbeaufsichtsamt Bautzen im Jahr 2002 erstellt hat, zeigt auch, dass die Arbeitsbelastung für Internisten und Chirurgen im Bereitschaftsdienst am höchsten ist (siehe Abb. 2.6) [36].

Bereitschaftsdienste sind für die Aufrechterhaltung des Versorgungsauftrags der Krankenhäuser zwingend notwendig und für die angestellten Ärzte eine der wenigen Möglichkeiten, das Einkommen aufzubessern, da diese zusätzlich bezahlt werden. Daher wird eine Umgestaltung der Bereitschaftsdienste in Regelarbeitszeit von vielen Ärzten nicht unbedingt als Entlastung angesehen. Die Angaben in Tab. 2.1, die einer Studie des Deutschen Krankenhausinstituts zu entnehmen sind, lassen erkennen, dass durch Bereitschaftsdienste das Einkommen der Klinikärzte je nach Stufe zwischen 24 und 55 % gesteigert werden kann [37]. Durch Umwandlung des Bereitschaftsdiensts in Regelarbeitszeit stünde den Ärzten zwar mehr Freizeit zur Verfügung, aber das notwendige Gehalt, um die Freizeit zur Erholung nutzen zu können, würde fehlen. Viele Ärzte könnten sich dadurch dann gezwungen sehen, die zusätzliche Freizeit zum Beispiel mit Notarztdiensten oder kassenärztlichen Bereitschaftsdiensten zur Aufbesserung des Gehalts zu nutzen.

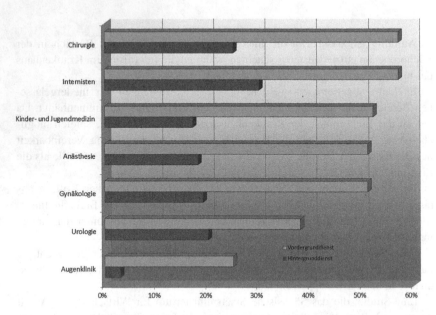

**Abb. 2.6** Durchschnittlicher Anteil der Aktivzeit im Bereitschaftsdienst. (Eigene Darstellung in Anlehnung an Richter et al. 2002 [36])

**Tab. 2.1**  Bruttoeinkommen deutscher Krankenhausärzte. (Quelle: Eigene Darstellung in Anlehnung an Blum und Offermanns [37])

| Ärztliche Tätigkeit | Fixeinkommen € | | Variables Einkommen (Dienste) € | | Zusätzliches Einkommen € | | Bruttoeinkommen € | | Steigerungsmöglichkeit % |
|---|---|---|---|---|---|---|---|---|---|
| | von | bis | von | bis | von | bis | von | bis | |
| Einstieg | 44.830 | 46.620 | – | 8920 | 1790 | 2220 | 46.620 | 57.760 | 24 |
| 3–5 Jahre | 51.240 | 58.430 | – | 7920 | 2050 | 2650 | 53.290 | 69.000 | 29 |
| 5–8 Jahre | 59.170 | 66.810 | – | 12.720 | 4810 | 5600 | 63.980 | 85.130 | 33 |
| 8–12 Jahre | 74.110 | 87.180 | – | 29.060 | 5400 | 7120 | 79.520 | 123.360 | 55 |

Unter betriebswirtschaftlichen Aspekten der Personalführung kann als ein weiteres Manko der Tarifverträge gelten, dass der variable Anteil der Klinikarztgehälter (außer vielleicht bei der Chefarztposition) relativ wenig durch die Qualität des persönlichen Arbeitseinsatzes beeinflusst wird. In der freien Marktwirtschaft ist es üblich, die Motivation der Mitarbeiter im Interesse des Unternehmenszwecks zu steigern, indem die Mitarbeiter zum Beispiel direkt am Unternehmenserfolg beteiligt werden, und zwar idealerweise anteilig an einem Bereich des Unternehmens, den sie direkt beeinflussen können. Ein Beispiel sind die Verkaufsprovisionen in der Pharma- oder Medizintechnikbranche. Der theoretische Vorteil der Verkaufsprovision für das Unternehmen besteht darin, die Mitarbeiter zu motivieren, nicht nur ihren Job zu tun, sondern ihn gut zu tun.

Natürlich gibt es diverse Formen der Umsatzbeteiligung auch bei Klinikärzten. Als Beispiel seien sogenannte Poolbeteiligungen – aus dem Pool der Einkünfte des Chefarztes aus privatärztlichen Liquidationen oder der Übertragung von versicherungs- oder berufsgenossenschaftlichen Gutachten – genannt, deren Vergütung dann der angestellte Arzt erhält. Doch sei auch hinzugefügt, dass diese variablen Beiträge zum Einkommen des angestellten Arztes meist vom Chefarzt abgetreten werden, also vom variablen Anteil des Chefarzteinkommens abgehen und in der Regel nicht vertraglich festgelegt sind. Hier besteht viel Freiraum für Willkür, was natürlich im Einzelfall positiv, aber auch negativ für den angestellten Arzt ausfallen kann.

Dass das Einkommen jedoch nicht den alleinigen oder sogar nicht einmal den wichtigsten Einfluss auf die Motivation und damit auf die Zufriedenheit von Mitarbeitern hat, wurde in zahlreichen Studien bereits belegt [38, 39]. Das Einkommen ist wichtig, um den Lebensunterhalt zu bestreiten, aber ist die Existenz gesichert, spielt es erstaunlicherweise eher eine untergeordnete Rolle für die Arbeitszufriedenheit oder Motivation.

Als weitaus wichtiger werden die folgenden Faktoren für Motivation und Zufriedenheit gesehen:

- (Gute) Beziehung zum Vorgesetzten
- Glaube an die Führungsqualitäten des Vorgesetzten
- Identifikation mit den Unternehmenszielen

Bezogen auf die Tätigkeit im Krankenhaus ist häufig jeder der aufgezählten Faktoren untergewichtet, wie aus einer Studie des Zentrum für Krankenhausmanagement von 2000 hervorgeht [40]. Insbesondere die Zusammenarbeit zwischen Verwaltung, Pflegepersonal und Ärzten wird bemängelt. Auch wenn die Studie schon etwas älter ist, zeigt ein Leserbrief des Hauptgeschäftsführers der Landesärztekammer Rheinland-Pfalz Dr. Jürgen Hoffart an das Ärzteblatt 2013, dass sich in den 14 Jahren seit der Studie nur wenig getan hat:

Waren früher die Chefärzte die ‚Herrscher' und haben zum Teil dementsprechend auch ihre nachgeordneten Mitarbeiter behandelt, haben sich bedingt durch den Kostendruck die Verhältnisse völlig verändert. So wie früher die Chefärzte mit ihren Mitarbeitern umgegangen sind, gehen heute die Verwaltungsleiter mit den Chefärzten um. Meist zählt nur noch die Steigerung der Leistung um jeden Preis. Die Frage, ob die Behandlung medizinisch sinnvoll ist, hat hinter den Wirtschaftlichkeitsüberlegungen zurückzutreten. Den Klinikleitern werden in aufwendigen Führungsworkshops Zielvorgaben gemacht, die oft nicht verhandelbar sind, und dieser Druck wird dann an das ärztliche und das pflegerische Personal weitergereicht [41].

Zahlreiche Gespräche mit Kollegen und auch eigene Erfahrungen haben zu folgenden Erkenntnissen geführt:

Von vielen Assistenzärzten werden die Arbeitsbedingungen im Krankenhaus nur toleriert, da die Zeit als Assistenzarzt eine notwendige Folgeausbildung zum Studium darstellt.

## 2.3.1 Möglicher Werdegang eines Assistenzarztes/-ärztin

Im Folgenden wird beispielhaft der Werdegang einer Assistenzärztin in anekdotischer Form beschrieben, der so verlaufen sein könnte. Diese Beschreibung ist frei erfunden doch Ähnlichkeiten mit realen Situationen sind durchaus beabsichtigt.

Eine junge Assistenzärztin – nennen wir sie Julia –, sozusagen frisch von der Uni kommend, wird in das Assistenzarztkollegium aufgenommen, welches vorzugsweise aus Assistenzärzten verschiedener Ausbildungsjahrstufen besteht. Altassistenten sind die erfahrenen, kurz vor dem Facharzt stehenden Kollegen

im 5. oder 6. Ausbildungsjahr, aber es gibt auch Altassistenten, die schon deutlich länger Assistenzarzt sind, und Julia fragt sich, warum diese noch nicht zum
Facharzt aufgestiegen sind. (Gründe für eine verlängerte Assistenzarztzeit gibt es
sicher viele: z. B. fehlende Zeit für die Facharztvorbereitung, noch nicht vollständiger Facharztkatalog, fehlende Motivation für Oberarzttätigkeit oder fehlender
Support für die Fortbildung durch Vorgesetzte).

In der ersten Zeit bekommt Julia einen Mentor aus der Reihe der Assistenzärzte an die Seite gestellt, doch aufgrund der Dienstbelastung ist der Mentor
mindestens sechsmal im Monat nicht im Haus, und auch Urlaub und sonstige
Abwesenheiten des Mentors führen dazu, dass Julia häufig auf dessen Rat verzichten muss. Nach wenigen Tagen ist Julia alleine als einzige Ärztin auf einer
Station, da die Kollegin, mit der sie die Station leiten soll, dienstfrei hat. Blutabnehmen, Anordnungen schreiben, Visite gehen, Verbände wechseln etc. soll Julia
ja bereits im Studium und während des Praktischen Jahres gelernt haben. Ob dem
so ist, wird stichprobenartig bei zwei Patienten, bei denen sie eine Kollegin an
ihrer Seite hat, überprüft, dann muss die Kollegin auch schon zu einem Notfall
und Julia ist mal wieder allein. Eine anderer Kollege ist zwar erreichbar, aber
auch erst seit kurzem im Haus und kann bei den anfallenden Problemen nicht
wirklich helfen, da ihm die Zeit und die Erfahrung fehlen. Viel zu häufig findet
sie sich alleine in Situationen wieder, bei denen sie gedacht hatte, eine Einarbeitung zu bekommen, wo aber von ihr erwartet wird, mit der Situation selbst fertig
zu werden.

Die Schwestern reagieren genervt, da es Verzögerungen im Zeitplan gibt, denn
Julia möchte die notwendige Medikamentenanordnung nicht ohne Rücksprache
vornehmen. Eine erfahrene Schwester gibt Julia schließlich einen guten Rat, wie
*sie* es machen würde, und Julia übernimmt die Empfehlung der Krankenschwes-
ter. Julia wird sich später mit einem Kollegen beraten, ob die Entscheidung korrekt war. Die Oberärzte und den Chefarzt kann sie derzeit nicht erreichen, da
diese bei Untersuchungen oder Eingriffen beschäftigt sind.

Da die Kollegen von Julia recht bald feststellen, dass ihre Einarbeitung zeitaufwendig ist, die Kollegen von ihrer eigenen Arbeit abhält, reagieren einige mit
Arroganz, um Julia davon abzuhalten, sie um Hilfe zu bitten. Andere reagieren
zwar freundlich und versuchen ihr zu helfen, aber aufgrund des Zeitmangels können sie auch nur ein paar Tipps geben. Bei der Bewältigung der Aufgaben ist sie
weitgehend auf sich allein gestellt. Dies führt natürlich zu Überstunden, die sie
aber laut ihrem Vertrag nicht vergütet bekommt. Aber sie ist gerne bereit, diese
Überstunden auf sich zu nehmen, denn immerhin ist sie ja jetzt Ärztin und Überstunden gehören einfach dazu. Dass sie von einigen Kollegen nicht integriert
wird, lässt sich wohl nicht ändern ebenso wenig wie der allabendliche Anpfiff
vom Oberarzt, der vor dem Feierabend die Station noch übergeben haben möchte

und mit der improvisierten Stationsführung nicht immer einverstanden ist. Die morgendlichen Reports an den Chefarzt werden von allen Kollegen inklusive Oberärzten möglichst so gehalten, dass keine großen Fragen aufkommen, was Julia auch rasch begriffen hat. Wenn kleinere Fehler wie z. B. Verstechen beim Blutabnehmen passieren, empfindet sie das eher als lästig für sich selber, da sie dadurch mehr Zeit braucht, und so lernt sie aus diesen Fehlern. Natürlich tut ihr auch der Patient leid, der deshalb mehr leiden muss, aber was kann sie schon dagegen tun? Einen Kollegen bitten? Dann kann es sein, dass der Patient bis zum Abend warten muss, bis er entlassen wird, denn vorher hat kein Kollege Zeit und die Blutwerte des Patienten müssen einfach noch vor dessen Entlassung kontrolliert werden. Ob diese Fehler durch ein besseres Anlernen vermeidbar wären, überlegt sie nur noch gelegentlich, denn es ist ohnehin sinnlos, ihren Kollegen ging es wohl am Anfang auch nicht besser. Mit der Zeit lernt sie, damit umzugehen, und entwickelt sich über die Jahre auch zu einer Altassistentin. Ihre für die Facharztausbildung notwendige Zeit auf der Intensivstation war bereits mehrfach mit der Begründung personeller Engpässe verschoben worden. Ob das vielleicht auch politische Gründe hat – denn ein Assistenzarzt ohne Intensivzeit tut sich schwerer, in ein anderes Krankenhaus zu wechseln, da er im neuen Krankenhaus wieder an das Ende der Warteliste rutscht – lässt sich nicht eruieren.

Inzwischen hat sie vieles von der Anfangseuphorie verloren, die sie mit dem Erreichen des Titels Arzt empfunden hat. Sie hat erkannt, dass die Oberärzte und der Chefarzt machtlos sind, die Situation zu ändern. Die Verwaltung schmückt das Krankenhaus nur mit schönen Worten vor allem an die Pflege und die Verwaltungskollegen. Die Ärzteschaft wird meist nur in einem Nebensatz erwähnt und dann im Sinne davon, wie die Verwaltung es geschafft hat, trotz Budgetdruck so viele Fachabteilungen mit hoch qualifizierten Ärzten zu besetzen zum Wohle der Patienten. Investitionen finden vor allem im Ausbau von Stationstrakten oder dem Foyer statt, da dies staatlich gefördert wird. Für eine Aufstockung des ärztlichen Personals sind jedoch keine Finanzmittel vorhanden, und außerdem sind Ärzte zu teuer, sodass keine neuen Stellen geschaffen werden können. Auch wird die Intensivstation ausgebaut, um mehr Kapazität für postoperative Intensivbehandlungen zu schaffen. Denn Intensivpatienten bringen dem Krankenhaus weitere Einnahmemöglichkeiten. Da einige Stellen in der Pflege unbesetzt sind, fehlt die Entlastung für die Ärzte. So etwa könnten die Krankenschwestern die Blutentnahme übernehmen, aber da sie unterbesetzt sind, weigern sie sich.

Was Julia antreibt, diesen Beruf weiterzumachen, trotz kräftezehrender Dienste, Einzelkämpfertum, ungesehener und daher nicht anerkannter Heldentaten am Patienten und des Gefühls, dass sie in einem anderem Beruf mit weniger Risiko für ihr eigenes und anderer Leben bei gleicher oder sogar geringerer ausbildungstechnischer persönlicher Vorleistung mindestens gleich viel, wenn nicht sogar wesentlich mehr verdienen könne – jetzt schon, aber ganz sicher auch später im Verlauf ihrer Karriere –, ist das Gefühl, dass sie immer diesen Beruf ergreifen wollte. Und mit diesem Beruf verbindet sie, Menschen zu helfen, mehr relevantes Wissen über das Leben zu erlangen als andere und dieses Wissen zum Wohle anderer anzuwenden. Ein bisschen schade findet sie es dennoch, dass – auch wenn sie mittlerweile ihren Beruf gut ausübt – keiner ihr wirklich Anerkennung dafür zollt, was sie leistet. Denn die Patienten haben keine Ahnung und müssen einfach blind vertrauen, dass das, was sie tut, gut ist. Die Kollegen einschließlich der Oberärzte leisten selbst schon Großes und befinden sich in derselben Situation wie sie. Für den Chefarzt ist es selbstverständlich, dass der Laden läuft, und er lobt ja schon mindestens einmal jährlich die Gesamtarbeit und ihre Entwicklung als Ärztin. Aber eine wirkliche Anerkennung für ihre persönliche Leistung bleibt aus. Und das liegt nicht nur daran, dass diese nicht erkannt wird, sondern vor allem auch daran, dass sie nicht erkannt werden kann.

Wer ist denn für den Erfolg einer Patientenversorgung verantwortlich? In der Regel ist daran ein Team von Ärzten beteiligt. Ein Arzt nimmt den Patienten auf und veranlasst die Diagnostik. Hierbei sind oft schon verschiedene Ärzte unterschiedlicher Fakultäten beteiligt. Auf Station wird der Patient vom Stationsarzt betreut, der wegen der Dienste häufig wechselt. Im Falle einer Operation wird der Patient meistens von einem Operationsteam versorgt, gelegentlich steht jedoch nur der Operateur zur Verfügung und muss die Operation aus Personalknappheit alleine durchführen. Die Nachbehandlung erfolgt dann wieder durch die Stationsärzte.

Wem aus dem Team soll denn nun die Anerkennung für den Behandlungserfolg zuteilwerden? Dem Operateur? Aber hat nicht auch der Aufnahmearzt schon viel Gutes getan, als er die Operation so vorbereitet hat, dass sie gut gelingen konnte? Oder der Stationsarzt, der durch die richtige Vor- und Nachbehandlung den Patienten rasch wieder auf die Beine gebracht hat? Und wer ist geeignet, die Anerkennung zu gewähren? Der Chefarzt? Sicher, aber hat er die Zeit dazu und die Möglichkeit und das Verständnis? Der Geschäftsführer? Wäre auch angemessen, aber hat er einen Überblick, was geleistet wird? Der Oberarzt? Sicher, aber wer gibt dem Oberarzt die Anerkennung? Und wie soll diese Anerkennung aussehen? Ein „das haben Sie gut gemacht" wird nicht lange reichen. Schön wäre es vielleicht, wenn zum Beispiel der Zuständigkeitsbereich als Antwort auf gute Leistung wächst. Wie z. B. „In Zukunft werde ich dafür sorgen, dass Sie sich vermehrt um diesen Aufgabenbereich kümmern können, wenn Sie das wünschen, und dafür auch die nötige Zeit erhalten." Aber wo soll diese Zeit herkommen, wenn nicht zulasten der Kollegen?

Später als Oberärztin hat Julia dann ihren eigenen Fachbereich – durch Fortbildungen erarbeitet, die sie weitgehend selbst bezahlt hat und für die sie einen
Teil ihres Jahresurlaubs nehmen musste. Sie ist Leiterin einer Station, die nun
von jüngeren Assistenzärzten versorgt wird. Mit dem Chefarzt ist das Verhältnis
mittlerweile sehr kollegial geworden. Doch nach wie vor, wenn sie sich in der
Qualität der Patientenversorgung durch Fortbildungen weiterentwickeln will, ist
die finanzielle und zeitliche Unterstützung durch die Krankenhausverwaltung nur
begrenzt. Auch bei der Therapiewahl hat sie deutliche ökonomisch orientierte
Vorgaben, die sie einschränken. Sie denkt darüber nach, wie sie sich weitere Frei-
heiten für ihre persönliche und berufliche Entwicklung verschaffen kann, und
wird sich vielleicht bald niederlassen oder um eine Chefarztposition bewerben
(…).

Nachfolgend finden sich einige Blogbeiträge, die belegen, dass dieser fiktive
Karriereverlauf nicht aus der Luft gegriffen ist, auch wenn Blogbeiträge sicher-
lich nur jeweilige Einzelmeinungen anonymer Personen darstellen (Anmerkung:
Rechtschreibfehler in den Blogs wurden absichtlich nicht korrigiert):

**teletubs**
**31.05.2007, 21:32**
  also meine ersten tage waren zeimlich crazy! :-kotz das ganze procedere: wäsche etc.
pp durfte ich einen arbeitstag vor stellenantritt machen. erster tag war erstmal: lernen, lernen, lernen…leute, station, klinik…anfangs war's komisch zu realisieren, dass man ja nun
arzt ist und die volle verantwortung hat. peu á peu hat man mehr gemacht. durfte anfangs
auch ziemlich oft ,bäumchen, bäumchen wechsel dich' spielen! :-kotz dazu dann gleich der
erste dienst. hm…in den anfangswochen war ich echt erschlagen, was aber wohl fast nor-
mal ist. :-wow nach paar monaten hat man so langsam das gefühl einen überblick zu haben.
es gibt aber immer wieder momente, wo alles anders kommt als man denkt! :-(( (…).
**leo11**
**21.06.2007, 16:48**
  Tja, nach drei Wochen fühlt man sich ja schon als gaaaaz alter Hase ;-) Nee, im Ernst,
bei mir war bisher alles recht harmlos. Ich kannte das Haus ja schon aus dem PJ, von daher
war der Einstieg etwas leichter, es wurde aber auch direkt mehr erwartet. Mir wurd halt
nicht alles nochmal gezeigt, obwohl das PJ ja nun auch fast ein halbes Jahr her war.. Aber
da kam man schnell wieder rein..
  Am schwierigsten fand ich auch die Umstellung, tatsächlich die Verantwortung für
alles zu tragen, was man tut und auch die zugrunde liegenden Entscheidungen zu treffen.
Es steht halt leider nicht immer ein Oberarzt hinter einem und ständig anrufen will man ja
auch nicht..
  Die (Wochenend- und Spät-) Dienste, die ich bisher hatte, waren recht harmlos, zum Glück..
Vor dem 12 Stunden (=Spät-) Dienst hatt ich schon Angst, weil man da halt 4 Stunden (zwischen
normalen Dienstschluss und Eintreffen des Nachtdienstes) gaaaanz alleine ist. Inklusive Kreißsaal
und Kinderintensiv. Gestern hat der Kreißsaal zum Glück nicht angerufen und auf der Intensiv

wars auch ziemlich ruhig, puuh.. Aber dann muss man halt den Oberarzt anrufen. Wenn sie einen so früh für Dienste einteilen, haben sie halt Pech gehabt, find ich :-).

In gut zwei Wochen beginnt dann meine erste Nachtdienst-Woche und ich kann nur hoffen, dass die Sommer-Flaute dann in vollem Gange ist.. Nach nur 5 Wochen Berufserfahrung könnte das sonst stressig werden :-blush.

So allgemeine Empfehlungen sind so allgemein, dass ihr wohl auch selber drauf kommt. Ich kann nur nochmal festhalten, sich unbedingt bei JEDER Schwester vorzustellen, und – sollte man sie vergessen haben – direkt auf die Knie zu fallen.. Es lohnt sich, mit der Pflege gut zusammenzuarbeiten, schon allein fürs Arbeitsklima.. Und noch super-wichtig: Schreibt Euch alles auf!! Ich hab gemerkt, dass man so konfus wird, weil man immer (wirklihc immer) an 20 Sachen gleichzeitig denken muss, und da man das am Anfang noch nicht gewöhnt ist, schreibe ich halt alles auf und kann abends gucken, ob alles erledigt ist.. Lohnt sich für das gute Gefühl zu Hause :-) (…) [42].

Es sei noch einmal betont, dass die Geschichte der Ärztin Julia frei erfunden ist und keinerlei Beziehung zum Autor oder anderen Personen hat. Die Geschichte dient lediglich der Veranschaulichung eines möglichen Szenarios, welches zu der mangelnden Zufriedenheit eines Klinikarztes mit seiner Tätigkeit führen könnte.

Ich denke, das Geschriebene reicht aus, um einen gewissen Einblick in die teils kritischen Arbeitsbedingungen von Klinikärzten zu geben. Viele ärztliche Kollegen vom Assistenzarzt bis zum Chefarzt aus den verschiedensten Häusern berichten auch, dass sie im Großen und Ganzen mit ihrer Arbeitssituation klarkommen, weil sie es nicht anders gewohnt sind [64], wobei die berichtete Zufriedenheit subjektiv umso größer erscheint, je größer die dem Arzt von der Krankenhausverwaltung gewährte Entscheidungsautonomie ist. Und hiermit kommen wir zu den Chefärzten und einer Erörterung der Situation im Krankenhaus für Chefärzte.

## 2.3.2 Situation der Chefärzte

Chefarzt ist wohl, gemessen am Ansehen in der Bevölkerung, einer der erstrebenswertesten Berufe. Die Allensbacher Berufsprestige-Skala von 2013 belegt, dass 76 % der Bevölkerung den Beruf des Arztes am meisten schätzen und achten [43]. Aus Abb. 2.7 lässt sich ersehen, dass die Chefärzte an der Spitze der Einkommenspyramide zumindest im Krankenhaus stehen. Laut der Unternehmensberatung Kienbaum liegt das Einkommen der Chefärzte dennoch im Durchschnitt knapp 50.000 unter dem von Geschäftsführern in Wirtschaftsunternehmen [44]. Abb. 2.8 legt die Verteilung der Chefarzteinkommen nach Fachrichtung dar.

Laut Bundesärztekammer gab es 2013 von 181.000 Klinikärzten 14.900 leitende Ärzte [45]. Oder, prozentual berechnet, hatten 8,2 % der Klinikärzte eine

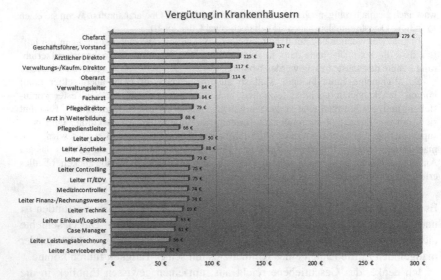

**Abb. 2.7** Der Arbeitsmarkt im Gesundheitssystem. In Anlehnung an Daten der Bundesagentur für Arbeit. Kienbaum [58]

leitende Position inne. Das Einkommen der Chefärzte wird in der Regel neben einem fixen Anteil von durchschnittlich 52 % durch einen variablen Anteil bestimmt. Die Gestaltung des variablen Anteils erfolgt über das Liquidationsrecht, Beteiligungsvergütung und Bonusvereinbarungen. Laut Kienbaum [44] machte das **Liquidationsrecht** 2011 51 % der variablen Vergütung aus, jedoch mit sinkender Tendenz. In der Regel muss der Chefarzt dem Krankenhaus einen Teil (2011: 20 %) der Privatliquidationen abtreten. Privatliquidationen sind Abrechnungen aus der privatärztlichen Behandlung, bei denen der Chefarzt dem Patienten direkt eine Rechnung stellt. An den Privatliquidationen haben in vielen Kliniken auch die ärztlichen Mitarbeiter der Abteilung durch die sogenannte Poolbeteiligung Anteil.

Bei der **Beteiligungsvergütung** erhält der Chefarzt eine vertraglich festgelegte Beteiligung an den Einnahmen der Klinik. Sie war 2011 in 14 % der Chefarztverträge vorgesehen. Die Beteiligungsvergütung erreichte jedoch nur 58 % der Durchschnittseinkünfte aus dem Liquidationsrecht.

Bei der **Bonusvereinbarung** wird, bemessen an einer betriebswirtschaftlichen Maßeinheit (z. B. Fallzahlen, Betriebsergebnis), eine Bonuszahlung geleistet. Da die Festlegung der zugrunde liegenden Maßeinheit der Verwaltung Möglichkeiten

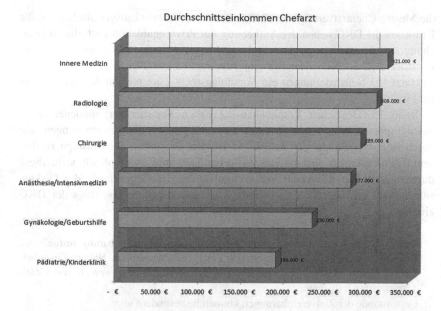

**Abb. 2.8** Chefarztgehalt nach Fachrichtung. (Eigene Darstellung in Anlehnung an Kienbaum-Vergütungsreports 2013 [59])

der Steuerung auf die Abteilung gibt, ist ein steigender Trend dieser Form der variablen Vergütung zu verzeichnen. 20 % der Chefarztverträge sehen diese Form der variablen Vergütung vor. Die Höhe der Bonusvereinbarungen beträgt durchschnittlich knapp 40 % der Durchschnittseinkünfte aus dem Liquidationsrecht.

Weiter haben Chefärzte die Möglichkeit, Einkünfte aus Nebentätigkeiten zu erzielen. Solche Nebentätigkeiten können sein: Gutachten, ambulante Beratung und Behandlung, Beratertätigkeit für Pharma- oder Medizintechnikindustrie.

Wichtige Faktoren für die Höhe des Gesamteinkommens eines Chefarztes stellen die Fachrichtung, die Größe des Krankenhauses sowie die Reputation und Diensterfahrung des Chefarztes dar.

Bei neueren Chefarztverträgen lässt sich der Trend erkennen, dass einerseits der Anteil der variablen Vergütung am Gesamtgehalt abnimmt und andererseits durch den verbleibenden Rest des variablen Anteils, wie oben beschrieben, mehr Einfluss auf das Handeln des Chefarztes unter betriebswirtschaftlichen Aspekten genommen wird.

Somit lässt sich darstellen, dass die Autonomie der Chefärzte abnimmt und sie mehr und mehr Angestellte im Sinne eines Abteilungsleiters werden. So geraten die Muster-Chefarztverträge der DKG (Deutsche Krankenhausgesellschaft) in die Kritik, da die DKG neben der Aufhebung der Privatliquidation auch die Aufweichung des Kündigungsschutzes und die Möglichkeit der Versetzung empfiehlt. Umstritten ist auch die Handhabung von Personalentscheidungen, z. B. ob der Chefarzt bei Neuanstellungen ein Vorschlagsrecht oder nur ein Anhörungsrecht hat [46].

Beim 35. Deutschen Krankenhaustag haben Vertreter verschiedener Interessengruppen Chefarztverträge unter dem Aspekt von Zielvereinbarungen, die durch Bonusvereinbarungen unterstützt werden, diskutiert. Die Vorträge zu diesem Themenbereich sind online verfügbar [47] und es empfiehlt sich, diese durchzulesen. Zur genaueren Veranschaulichung des Gegenstands der Diskussionen wird im Folgenden § 8 Absatz 3 des Muster-Chefarztvertrags der DKG zitiert:

(3) Sofern der Arzt die in einer jährlich zu treffenden Zielvereinbarung festgelegten Eckpunkte erreicht, erhält er zusätzlich einen variablen Bonus. Nähere Einzelheiten zur Höhe des Bonus und den Auszahlungsmodalitäten etc. werden in der Zielvereinbarung festgelegt.

Gegenstände der Zielvereinbarungen können insbesondere sein:

- Zielgrößen für Sach- und Personalkosten seiner Abteilung
- Zielgrößen für Leistungen nach Art und Menge
- Einführung neuer Behandlungsmethoden
- Maßnahmen und Ergebnisse der Qualitätssicherung,
- Inanspruchnahme nichtärztlicher Wahlleistungen,
- Beteiligung an Strukturmaßnahmen,
- sonstige Leistungsorientierte Regelungen.

Wichtige Diskussionspunkte sind unter anderem, ob etwa durch Zielvorgaben Patienten unnötig behandelt werden, ob die Art und Weise der Behandlung durch betriebswirtschaftliche Ziele beeinflusst wird und die Beeinflussbarkeit der Zielvereinbarungen durch den Chefarzt erfolgt (z. B. Sachkosten, Personalkosten) [65].

Chefärzte haben im Vergleich zu Oberärzten eine deutlich höhere medizinisch-fachliche, wirtschaftliche und juristische Verantwortung. Ihnen obliegt auch die Verantwortung zur Ausbildung von Ärzten und zur Erfüllung des Forschungsauftrags in Universitätskliniken.

Insgesamt wird die Situation der Chefärzte an Kliniken durch zunehmenden Einfluss der Verwaltung nicht nur in Bezug auf die Vergütung bestimmt. Die Vergütung der Chefärzte als solche liegt im Durchschnitt über dem der niedergelassenen Kollegen, aber der Verantwortungsbereich eines Chefarztes ist auch in der Regel deutlich größer. Gleichwohl liegt das Einkommen eines Chefarztes immer noch unter dem Durchschnittseinkommen des Geschäftsführers eines Wirtschaftsunternehmens.

Wir haben nun interessante Aspekte zu den verschiedenen Hierarchiestufen und den Arbeitsbedingungen im Krankenhaus erörtert. Im Folgenden wird darauf eingegangen, welche Vor- und Nachteile sich in einer Krankenhauskarriere bieten.

## 2.4   Vor- und Nachteile einer Krankenhauskarriere

### 2.4.1   Vorteile einer Krankenhauskarriere

An erster Stelle kann sicher angeführt werden, dass eine ärztliche Anstellung in einem Krankenhaus einen sicheren Arbeitsplatz darstellt. Auch wenn das Thema Ärztemangel von verschiedenen Interessenvertretergruppen kontrovers diskutiert wird, kann man zumindest sagen, dass Angebot und Nachfrage recht gut ausgeglichen sind. Die Bundesagentur für Arbeit hat 2011 einen statistischen Bericht veröffentlicht, aus dem hervorgeht, dass 2010 2900 offene Ärztestellen gemeldet und durchschnittlich 2600 Ärzte arbeitssuchend waren [48]. Auch bietet eine Krankenhauskarriere die Möglichkeit einer weniger aufwendigen Weiterbildung der eigenen ärztlichen Fähigkeiten, da der Austausch mit Kollegen und das Lernen von Kollegen durch die räumliche Nähe deutlich einfacher ist als zum Beispiel in einer Praxis. Es gibt keine persönlichen Investitionsrisiken, da sie vom Krankenhaus getragen werden und auch die Verwaltungsaufgaben wie Einkauf, Personalverwaltung, Abrechnung etc. von anderen betreut werden, sodass der Arzt hierfür nur wenig Zeit aufbringen muss. Es steht daher zumindest theoretisch mehr Zeit für die Patientenversorgung und eigentliche ärztliche Aufgaben zur Verfügung. Da man ein fixes Gehalt erhält, können organisationsbedingte Leerlaufzeiten, sofern sie denn vorkommen, z. B. für wissenschaftliche Zwecke genutzt werden, ohne dass dies zulasten des Einkommens geht. Auch verliert man durch den Besuch von Fortbildungsveranstaltungen oder Urlaub keinen Umsatz/ kein Einkommen. Ebenso ist eine Habilitation oder eine zusätzliche Tätigkeit in Forschung und Lehre häufig nur im Rahmen einer klinischen Anstellung möglich.

Der Zeitdruck für die Patientenbehandlung kann abhängig von der Krankenhausstruktur geringer sein als z. B. in einer niedergelassenen Praxis, da zeitaufwendige und dadurch eventuell weniger lukrative Behandlungen leichter durch eine Mischkalkulation, z. B. Quersubvention, von anderen Abteilungen aufgefangen werden können.

Das Patientenspektrum kann im Krankenhaus breiter sein, da Krankenhäuser doch häufig als letzte Instanz bei der Patientenversorgung fungieren und daher oft mehr Patienten mit komplizierteren Erkrankungen hier behandelt werden.

## 2.4.2   Nachteile einer Krankenhauskarriere

Ein wichtiger Nachteil kann die Einschränkung der Autonomie sein. Durch die Verwaltung werden auch medizinische Aspekte gesteuert. Die Verwaltung nimmt starken bis vollständigen Einfluss auf Belange wie den Einkauf der zur Patientenbehandlung verwandten Verbrauchsgüter, Instrumente und Geräte, auf Personalangelegenheiten und Dienstzeiten. Eine mögliche Beeinflussung des ärztlichen Handlungsspielraums bei der Patientenversorgung durch die Krankenhausverwaltungen und das DRG-System wird diskutiert [49].

Möglichkeiten zur Beeinflussung des Arbeitsumfelds sind in der Regel deutlich geringer als z. B. in einer niedergelassenen Praxis. Budgetärer Druck kann die Gesamtstimmung in einem Krankenhaus beeinträchtigen, was wiederum das Arbeitsklima negativ beeinflussen kann. Eine angespannte Personalsituation verlangt kompensatorisch dem Einzelnen mehr Zeitaufwand ab. Es besteht nur geringer Einfluss auf die eigene Beteiligung am Bereitschafts- oder Rufdienst; diese Dienste können eine spürbare zusätzliche persönliche Belastung darstellen. Die Einflussnahme auf das eigene Einkommen ist eher gering, da das Gehalt in der Regel durch Tarifverträge bestimmt ist. Die Sachlage für Chefarztverträge wurde bereits oben diskutiert, aber auch hier kann eine Einkommenssteigerung meist kaum gezielt gesteuert werden.

Die Möglichkeiten, Patienten langfristig zu begleiten, sind meist begrenzt, da die ambulante Versorgung überwiegend extern erfolgt.

Das Verhältnis zu den Vorgesetzten kann die eigene Arbeitssituation stark beeinflussen. Dies gilt natürlich sowohl in positiver als auch in negativer Hinsicht.

Eine organisationsbedingte hohe Arbeitsbelastung kann dazu führen, dass für persönliche berufliche Ziele wie eine Habilitation oder eine Tätigkeit in Forschung und Lehre nur wenig Raum bleibt oder diese in der „Freizeit" verfolgt werden müssen.

Am Ende ist es sicher von der individuellen Situation abhängig, ob Vorteile oder Nachteile überwiegen. Gerade für junge Ärzte direkt nach dem Studium kann es schwierig sein, die richtige Entscheidung für eine Fachgruppe zu treffen. Im folgenden Abschnitt sollen einige Faktoren aufgeführt werden, die zum Entscheidungsprozess beitragen können.

## 2.5 Entscheidungshilfen für die Fachgruppenwahl von Ärzten in Ausbildung

Innerhalb der Vielzahl an beruflichen Möglichkeiten gibt es für einen Abiturienten unterschiedliche Gründe, sich für ein Medizinstudium zu entscheiden. Viele sehen in der Tätigkeit eines Arztes die Verbindung von Idealismus und beruflicher Karriere in einem krisensicheren Job verwirklicht. Das Ansehen eines Arztes in der Gesellschaft und auch das unglaublich vielschichtige Wissen eines Arztes mögen weitere Motivatoren sein. Auch wenn die negativen Aspekte des Berufsbildes Arzt (lange Arbeitszeiten, Nachtdienste, rückläufiges Durchschnittseinkommen, Dauer des Studiums und der nachfolgenden Ausbildung mit niedrigem Einkommen etc.) weithin bekannt sein dürften, hält dies die meisten Medizinstudenten nicht davon ab, das Studium zu Ende zu führen. Die Zahl der Studienabbrecher lag laut einer Erhebung der Bundesärztekammer und der Kassenärztlichen Bundesvereinigung 2010 gleichwohl bei immerhin durchschnittlich 17,9 %, weitere 11,6 % der Absolventen werden nie einer ärztlichen Tätigkeit nachgehen [50, 51].

Auch wenn ein Medizinstudent in der Regel sein Hauptaugenmerk auf das Erwerben der Scheine und das Bestehen der Examina mit möglichst hoher Punktzahl legt, hilft es doch schon während des Studiums, an die künftige Wahl einer Fachrichtung und den Karriereweg als Arzt zu denken. Spätestens jedoch mit der Aufnahme der Tätigkeit als Arzt sollte die Fachrichtung feststehen. Eine Studie der Abteilung für Medizinische Psychologie der Universität Freiburg i. Br. von 2005 untersuchte unter anderem die Motive zur Facharztrichtungswahl. Es wurden Motive wie z. B. überschaubares Fachgebiet, kurze Ausbildungsdauer auf der einen Seite und u. a. Einkommenshöhe und Status auf der anderen Seite sowie die Möglichkeit zur Selbstständigkeit in beiden Motivgruppen genannt. Die erste Motivgruppe wird tendenziell häufiger von Studentinnen angeführt, die zweite mehr von Studenten. Die Studie zeigte jedoch auch, dass 60 % der Studierenden ihre Facharztrichtung während des Studiums ändern [52].

Viele Studenten wünschen sich mehr Unterstützung bei der Wahl der Facharztrichtung. Es gibt natürlich verschiedene Möglichkeiten, sich bei dieser Wahl unterstützen zu lassen, als Beispiel sei das sogenannte Facharztduell der LMU München [53] genannt.

Bei der Wahl der Fachrichtung ist eine gewisse persönliche Affinität hilfreich. Es kann auch in Statistiken geschwelgt und angesehen werden, welche Fachrichtungen bei Studentinnen und Studenten am beliebtesten sind (siehe Abb. 2.9 und 2.10), um dann zyklisch oder antizyklisch zu entscheiden [54]. Oder es wird

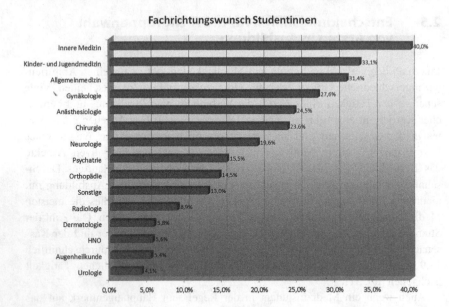

**Abb. 2.9**   Fachrichtungswunsch Studentinnen. (Eigene Darstellung nach [54])

das Stellenbarometer des Deutschen Krankenhausinstituts und das Stellenportal mediRandum zu Rate gezogen, um die Chancen auf eine Anstellung zu evaluieren (siehe Abb. 2.11). Schließlich können Studien zur Ärztezufriedenheit im ambulanten und stationären Bereich herangezogen werden, um die eigene Entscheidung anhand statistischer Daten zu unterstützen (siehe Abb. 2.12 und 2.5).

Zugegeben, Statistik ist eine zweischneidige Sache und lediglich geeignet, einen Trend aufzuzeigen. Wo man sich im persönlichen Einzelfall auf der Gauß'schen Verteilungskurve befindet oder befinden wird, wenn man das Studium und die Facharztausbildung abgeschlossen hat, lässt die Statistik sicher nicht erkennen. Es soll hier auch nicht dazu aufgefordert werden, anhand der dargestellten Grafiken eine Entscheidung zu treffen, es lässt sich jedoch erkennen, dass die Innere Medizin bei Studenten und Studentinnen am beliebtesten ist, die meisten Stellenanzeigen hat und die Verdienstmöglichkeiten im ambulanten Bereich hier am höchsten sind. Doch in der Klinik liegt die Innere Medizin hinsichtlich der Zufriedenheit der Ärztinnen und Ärzte nur im unteren Drittel. Hier bietet die Radiologie in Bezug auf Verdienstmöglichkeiten im ambulanten Bereich und die Zufriedenheit im Bereich Klinik eine gute Alternative, jedoch

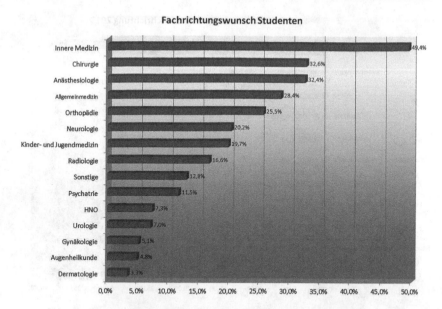

**Abb. 2.10**   Fachrichtungswunsch Studenten. (Eigene Darstellung nach [54])

sind entsprechende Stellen ausgesprochen rar. Anästhesie scheint ein guter Kompromiss zu sein, da sie sich bis auf die Verdienstmöglichkeiten im ambulanten Bereich in den übrigen Kategorien im Mittelfeld befindet. Chirurgie und Orthopädie scheinen Fachgebiete für Idealisten zu sein. Die Zufriedenheit damit befindet sich in der Klinik weit unten, die Weiterbildungszufriedenheit im Mittelfeld, die ambulanten Verdienstmöglichkeiten liegen gerade noch im mittleren Drittel, auch wenn aus persönlicher Erfahrung berichtet werden kann, dass es sich um eine sehr interessante Berufsrichtung handelt und, wie die Zahl an Stellenanzeigen erkennen lässt, auch eine krisensichere.

Auf keinen Fall sollten aufgrund der Statistik persönliche Neigungen und Fähigkeiten unberücksichtigt bleiben.

Es sei betont, als klassischer Arzt zu arbeiten ist nicht per se unlukrativ. Es gibt nur viele unterdurchschnittlich lukrative Bereiche, die es eher zu vermeiden gilt, wenn mit der ärztlichen Tätigkeit ein Lebensunterhalt, auch für Familie/Kinder, bestritten werden soll und nicht nur reiner Idealismus den Antrieb für die ärztliche Tätigkeit bildet. Valide Informationen über die lukrativen und unlukrativen Bereiche sind schwierig zu erhalten. Nicht, dass es an Informationen mangeln würde, im Gegenteil Informationen kommen im Überfluss, von den

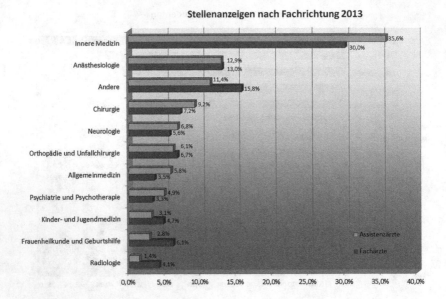

**Abb. 2.11**  Stellenanzeigen nach Fachrichtung. (Eigene Darstellung nach [60])

verschiedensten Seiten. Nur steht der Informationssuchende vor der Frage, welche Information nun richtig und welche es nicht ist.

Informationen von Kassenverbänden und KVen einerseits und von niedergelassenen Ärzten andererseits sind häufig diametral entgegengesetzt. Es soll hier auch nicht der Versuch einer Lösung dieser Problematik unternommen werden, lediglich sollen Schwierigkeiten angesprochen und dem Leser Strategien gezeigt werden, wie er für sich selber aus den Informationen die richtigen Schlüsse ziehen kann.

Letztendlich sollte nach Möglichkeit schon vor dem Studium eine Vorstellung entwickelt worden sein, in welche Richtung nach dem Studium gegangen werden möchte. Das hilft bei der Fokussierung, die einem bei der Fülle der notwendigen Fächer des Medizinstudiums leicht verloren gehen kann.

23,8 % der angehenden Ärztinnen und Ärzte haben noch keine genauen beruflichen Ziele [55].

Visionen, Ziele und Motivationen sind jedoch in der Betriebswirtschaft und im Management eine der wesentlichen Voraussetzungen für Erfolg.

Einer der wichtigsten Schritte für einen Arzt in der Wirtschaft – sei es im Krankenhaus, welches sich immer mehr zu einem wirtschaftsorientierten

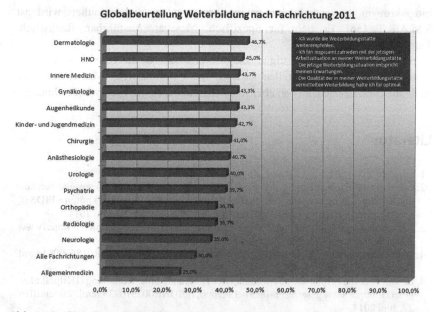

**Abb. 2.12**  Globalbeurteilung Weiterbildung nach Fachrichtung. (Eigene Darstellung nach Evaluation der Weiterbildung 2011 der Bundesärztekammer)

Unternehmen entwickelt, in der niedergelassenen Praxis oder in der Industrie – ist es, sich über seine Ziele, Werte und seinen gewünschten Berufsweg im Klaren zu sein.

Wie bei einem Unternehmen müssen diese Ziele schriftlich fixiert und so oft wie möglich zitiert werden, um sie erreichen zu können. Denn wie schon Mark Twain formulierte: „Wer nicht weiß, wo er hinwill, darf sich nicht wundern, wenn er woanders ankommt."

- Ein Ziel sollte in einem Satz formuliert sein.
- Es muss realistisch und erreichbar sein.
- Es muss positiv formuliert werden, denn das Unterbewusstsein kann Verneinungen nicht umsetzen.
- Messbare Ziele haben einen klaren Vorteil, denn bei ihnen ist leichter zu beurteilen, wann sie erreicht wurden und wann es an der Zeit ist, ein neues Ziel zu formulieren.
- Ein Zeitrahmen erleichtert den Umgang mit der Zukunft.

Ein Akronym, um sich leichter zu merken, wie ein Ziel formuliert wird, ist S.M.A.R.T. [56]. Es steht für Spezifisch, Messbar, Ausführbar, Realistisch, Terminiert.

Hauptziele sollten langfristig angelegt sein, sodass sie die Grundlage für kurzfristige Zwischenziele darstellen können. Der Abschluss des Medizinstudiums stellt nur ein Zwischenziel dar, ebenso das Erreichen einer Facharztbezeichnung.

## Literatur

1. http://de.wikipedia.org/wiki/Arzt. Zugegriffen: 21. Juni 2014.
2. Gesundheitsberichterstattung des Bundes; Definition: Ärzte. http://www.gbe-bund.de/gbe10/abrechnung.prc_abr_test_logon?p_uid=gastg&p_aid=&p_knoten=FID&p_sprache=D&p_suchstring=8591::Haus%E4rzte. Zugegriffen: 21. Juni 2014.
3. Ärztekammer Westfalen-Lippe. Wie wird ärztliche Tätigkeit definiert? http://www.aekwl.de/index.php?id=326. Zugegriffen: 21. Juni 2014.
4. Bundesärzteordnung.     http://www.gesetze-im-internet.de/b_o/BJNR018570961.html. Zugegriffen: 22. Juni 2014.
5. Gesetz über die berufsmäßige Ausübung der Heilkunde ohne Bestallung (Heilpraktikergesetz). http://www.gesetze-im-internet.de/heilprg/BJNR002510939.html. Zugegriffen: 22. Juni 2014.
6. openJur e. V. http://openjur.de/u/353537.html. Zugegriffen: 22. Juni 2014.
7. Pharmazeutische Zeitung Online. (13/2012). Apotheker in der Industrie; Martin Wesch. http://www.pharmazeutische-zeitung.de/index.php?id=41409. Zugegriffen: 22. Juni 2014.
8. BSG B 12 R 3/11 R.
9. B 3 KS 2/10 R (lexetius.com/2011,1319).
10. Berufsordnung für die in Deutschland tätigen Ärztinnen und Ärzte; MBO-Ä 1997 – in der Fassung der Beschlüsse des 114. Deutschen Ärztetages 2011 in Kiel. http://www.bundesaerztekammer.de/page.asp?his=1.100.1143#I. Zugegriffen: 07. Juli 2014.
11. Petersen, J. 17. Mai 2010 21:38 Klischees über Ärzte Süddeutsche.de. http://www.sueddeutsche.de/karriere/2.220/klischees-ueber-aerzte-hanswuerste-in-weiss-1.565685. Zugegriffen: 22. Juni 2014.
12. Demary, V., & Koppel, O. (2013). Der Arbeitsmarkt für Humanmediziner und Ärzte in Deutschland – Zuwanderung verhindert Engpässe. http://www.iwkoeln.de/_storage/asset/128952/storage/master/file/3508172/download/TR-3-2013-Demary-Koppel.pdf. Zugegriffen: 07. Juli 2014.
13. Gerlinger, T., & Burkhardt, W. (2012). Grundprobleme der Vergütung ärztlicher Leistungen. http://www.bpb.de/politik/innenpolitik/gesundheitspolitik/72624/verguetungssystem?p=all. Zugegriffen: 09. Juni 2014.
14. http://www.kvbawue.de/abrechnung-honorar/honorarverteilung/arzthonorare/einzelleistungen/. Zugegriffen: 22. Juni 2014.

15. Kassenärztliche Bundesvereinigung, Honorarbericht für das erste Halbjahr 2011. http://www.kbv.de/media/sp/2012_06_29_Honorarbericht1und2_2011.pdf. Zugegriffen: 22. Juni 2014.

16. Kassenärztliche Bundesvereinigung; Honorarbericht für das erste Quartal. (2013). http://www.kbv.de/media/sp/2014_05_16_Honorarbericht_1_2013.pdf. Zugegriffen: 22. Juni 2014.

17. Zi-Praxis-Panel. https://www.zi-pp.de/. Zugegriffen: 22. Juni 2014.

18. Aktuelle Information zur Kostenstrukturanalyse 2013 des Statistischen Bundesamts. https://www.zi-pp.de/pdf/Kommentierung%20der%20KSA%20des%20StatBu.pdf. Zugegriffen: 22. Juni 2014.

19. aerzteblatt.de (2013). Statistisches Bundesamt: Einkommen von niedergelassenen Ärzten deutlich gestiegen. http://www.aerzteblatt.de/nachrichten/55525/Statistisches-Bundesamt-Einkommen-von-niedergelassenen-Aerzten-deutlich-gestiegen. Zugegriffen: 22. Juni 2014.

20. Repschläger, U. (2009). Die Gesamthonorare für ambulant tätige Ärzte in Deutschland. http://www.barmer-gek.de/barmer/web/Portale/Versicherte/Komponenten/gemeinsame__PDF__Dokumente/Publikationen/10-_20G_C3_BCnther,property=Data.pdf. Zugegriffen: 22. Juni 2014.

21. Korzilius, H., & Maus, J. (2005). *Dtsch Arztebl, 102*(19). A-1328/B-1114/C-1054; TOP II – Arbeitssituation der niedergelassenen Ärzte: Keine Freude mehr am freien Beruf in eigener Praxis. http://www.aerzteblatt.de/archiv/46764/TOP-II-Arbeitssituation-der-niedergelassenen-Aerzte-Keine-Freude-mehr-am-freien-Beruf-in-eigener-Praxis. Zugegriffen: 22. Juni 2014.

22. Bestmann, B., Küchler, T., & Henne-Bruns, D. (2010). In F. W. Schwartz, P. Angerer (Hrsg.), *Arbeitsbedingungen und Befinden von Ärztinnen und Ärzten: Befunde und Interventionen Report Versorgungsforschung, 2*, 1. Aufl. Deutscher Ärzte-Verlag, (12. Dez. 2009).

23. Bestmann, B., Rohde, V., Wellmann, A., & Küchler, T. Berufsreport (2003). *Zufriedenheit von Ärztinnen und Ärzten Dtsch Arztebl 2004, 101*, A 28–32 [Heft 1–2].

24. Johnsen, L., & Sattler, D. (2005). Studie zur Berufssituation von Ärzten. http://www.kvsh.de/admin/ImageServer.php?download=true&ID=277@KVSH. Zugegriffen: 04. Juli 2014.

25. http://www.bundesaerztekammer.de/ueber-uns/aerztestatistik/aerztestatistik-der-vorjahre/aerztestatistik-2013/. Zugegriffen: 05. Juli 2014, 04. Juli 2014.

26. http://www.ihre-aerzte.de. Zugegriffen: 04. Juli 2014.

27. https://www.destatis.de/DE/ZahlenFakten/GesellschaftStaat/Gesundheit/Krankenhaeuser/Tabellen/PersonalKrankenhaeuserJahre.html. Zugegriffen: 04. Juli 2014.

28. Ramirez, A. J., Graham, J., Richards, M. A., Cull, A., & Gregory, W. M. (1996). Mental health of hospital consultants: The effects of stress and satisfaction at work. *Lancet, 347*, 724–728.

29. Visser, M. R., Smets, E. M., Oort, F. J., & Haes, H. C. De. Stress, satisfaction and burnout among Dutch medical specialists. *CMAJ, 168*(3), 271–275.

30. Haas, J. S., Cook, E. F., Puopolo, A. L., Burstin, H. R., Cleary, P. D., & Brennan, T. A. (2000). Is the professional satisfaction of general internists associated with patient satisfaction? *Journal of General Internal Medicine, 15*(2), 122–128.

31. Kassierer, J. P. (1998). Doctor discontent. *New England Journal of Medicine, 339*(21), 1543–1545.
32. Grol, R., Mokkink, H., Smits, A., van Eijk, J., Beek, M., Mesker, P., & Mesker-Niesten, J. (1985). Work satisfaction of general practitioners and the quality of patient care. *Fam Pract, 2*(3), 128–135.
33. Kerr, E. A., Hays, R. D., Mittman, B. S., Siu, A. L., Leake, B., & Brook, R. H. (1997). Primary care physicians' satisfaction with quality of care in California capitated medical groups. *JAMA, 278*(4), 308–312.
34. Kaiser, R. (2002). *Arbeitsbedingungen und Arbeitszufriedenheit von Ärzten im Krankenhaus*. Köln: Deutscher Ärzte-Verlag.
35. Bundesministerium für Gesundheit und Soziale Sicherung. Gutachten zum „Ausstieg aus der kurativen ärztlichen Berufstätigkeit in Deutschland". Abschlußbericht. Hamburg (2004). http://www.bundesgesundheitsministerium.de/fileadmin/dateien/ Publikationen/Gesundheit/Sonstiges/Abschlussbericht_Gutachten_zum_Ausstieg_aus_ der_kurativen_aerztlichen_Berufstaetigkeit_in_Deutschland.pdf. Zugegriffen: 04. Juli 2014.
36. Richter, P., et al. (2002). Wie belastet sind Ärzte mit Bereitschaftsdienst? Eine Belastungs-Beanspruchungs-Analyse bei sächsischen Krankenhausärzten. http://www. arbeitsschutz.sachsen.de/download/kh_bereitschaftsdienst.pdf. Zugegriffen: 06. Juli 2014.
37. Blum, K., & Offermanns, M. (2011). Gehaltssituation deutscher Krankenhausärzte. http://www.dkgev.de/media/file/9956.2011-08-18_DKI-Studie_Gehaltssituation_deutscher_Krankenhausaerzte.pdf. Zugegriffen: 06. Juli 2014.
38. Dale Carnegie & Associates (2012). What drives employee engagement and why it matters. http://www.dalecarnegie.com/assets/1/7/driveengagement_101612_wp.pdf.
39. Judge, T. A., et al. (2010). The relationship between pay and job satisfaction: A meta-analysis of the literature. *Journal of Vocational Behavior, 77*, 157–167. http://www. timothy-judge.com/Judge,%20Piccolo,%20Podsakoff,%20et%20al.%20%28JVB%20 2010%29.pdf.
40. Von Eiff (2000). Führung und Motivation in deutschen Krankenhäusern. http://www.dgfp. de/wissen/personalwissen-direkt/dokument/67089/herunterladen. Zugegriffen: 07. Juli 2014.
41. Hoffart, J. (2013). *Krankenhäuser: Wie Führung Motivation zerstört; Dtsch Arztebl, 110*(14): A-667/B-589/C-589.
42. http://www.medi-learn.de/foren/archive/index.php/t-38010.html. Zugegriffen: 07. Juli 2014.
43. Die Allensbacher Berufsprestige-Skala. (2013). Institut für Demoskopie Allensbach. http://www.ifd-allensbach.de/uploads/tx_reportsndocs/PD_2013_05.pdf. Zugegriffen: 07. Juli 2014.
44. Schröder, J. (2011). Einkommen der Chefärzte 2011 um durchschnittlich 9000 € gestiegen. http://www.iww.de/index.cfm?pid=1314&pk=151450&spid=1296&spk=1 284&sfk=18. Zugegriffen: 09. Juli 2014.
45. Bundesärztekammer; Ergebnisse der Ärztestatistik zum 31. Dez. 2013. http://www. bundesaerztekammer.de/page.asp?his=0.3.12002. Zugegriffen: 07. Juli 2014.
46. Baur, U. (2007). Neuer Mustervertrag der Deutschen Krankenhausgesellschaft: Die Disziplinierung der Chefärzte schreitet voran. http://www.aerzteblatt.de/archiv/57259/

Neuer-Mustervertrag-der-Deutschen-Krankenhausgesellschaft-Die-Disziplinierung-der-Chefaerzte-schreitet-voran. Zugegriffen: 07. Juli 2014.

47. http://www.deutscher-krankenhaustag.de/vortraege/308-35-deutscher-krankenhaustag.html. Zugegriffen: 07. Juli 2014.

48. Bundesagentur für Arbeit, Arbeitsmarktberichterstattung: Gesundheits- und Pflegeberufe in Deutschland, Nürnberg (2011). http://statistik.arbeitsagentur.de/Statischer-Content/Arbeitsmarktberichte/Berichte-Broschueren/Arbeitsmarkt/Generische-Publikationen/Gesundheits-und-Pflegeberufe-Deutschland-2011.pdf. Zugegriffen: 07. Juli 2014.

49. Rau, F., Roeder, N., & Hensen, P. (2009). Auswirkungen der DRG-Einführung in Deutschland. Kohlhammer ISBN.

50. Kopetsch, T. (2010). Dem deutschen Gesundheitswesen gehen die Ärzte aus! Studie zur Altersstruktur- und Arztzahlentwicklung; Bundesärztekammer und Kassenärztliche Bundesvereinigung. http://www.kbv.de/media/sp/Arztzahlstudie_2010.pdf. Zugegriffen: 07. Juli 2014.

51. Kassenärztliche Bundesvereinigung. (2010). Studie zur Altersstruktur- und Arztzahlentwicklung: Daten, Fakten, Trends. http://www.kbv.de/media/sp/Arztzahlstudie_2010_Praesentation.pdf. Zugegriffen: 07. Juli 2014.

52. Gold, A. (2009). Studienmotive und Zukunftsvorstellungen von Studienanfängerinnen und Studienanfängern der Humanmedizin. Freiburg: Albert-Ludwigs-Universität Freiburg i. Br. http://www.freidok.uni-freiburg.de/volltexte/7076/pdf/Dissertation_Annika_Gold.pdf. Zugegriffen: 07. Juli 2014.

53. Welbergen, L., et al. (2014). Das Facharztduell: Innovative Karriereplanung in der Medizin. *GMS Zeitschrift für Medizinische Ausbildung, 31*(2). http://www.egms.de/static/de/journals/zma/2014-31/zma000909.shtml. Zugegriffen: 07. Juli 2014.

54. Gibis, B., Heinz, A., Jacob, R., & Müller, C. H. The career expectations of medical students: findings of a nationwide survey in Germany. *Dtsch Arztebl Int 2012, 109*(18), 327–32. doi:10.3238/arztebl.2012.0327. http://www.aerzteblatt.de/pdf.asp?id=125217. Zugegriffen: 07. Juli 2014.

55. Merz, B., & Oberlander, W. (2008). Ärztinnen und Ärzte beklagen die Einschränkung ihrer Autonomie. *Dtsch Arztebl 2008, 105*(7), A 322–324. http://www.aerzteblatt.de/archiv/58963/Berufszufriedenheit-Aerztinnen-und-Aerzte-beklagen-die-Einschraenkung-ihrer-Autonomie. Zugegriffen: 04. Juli 2014.

56. Doran, G. T. (1981). There's a S.M.A.R.T. way to write management's goals and objectives. *Management Review, 70*(11) (AMA FORUM), S. 35–36.

57. Rosta, J., & Gerber, A. (2008). Arbeitszufriedenheit bei Krankenhausärzten und -ärztinnen in Deutschland. *Ergebnisse einer bundesweiten Erhebung im Herbst 2006 Gesundheitswesen, 70*, 519–524.

58. http://www.faz.net/aktuell/beruf-chance/arbeitswelt/aerzte-und-kliniken/mehr-ansehen-als-gehalt-was-aerzte-verdienen-12622272-b1.html#fotobox_1_2622272. Zugegriffen: 07. Juli 2014.

59. Kienbaum-Vergütungsreports. (2013). „Ärzte, Führungskräfte und Spezialisten in Krankenhäusern". http://www.kienbaum.de/desktopdefault.aspx/tabid-16/149_read-171/. Zugegriffen: 09. Juli 2014.

60. Deutsches Krankenhausinstitut e. V./medirandum GmbH. Ärztestellen Barometer Winter 2013. https://www.dki.de/sites/default/files/downloads/aerztestellen_barometer_winter_2013.pdf.
61. Bundesärztekammer Arbeitspapier der AG „Heilberufe- und Kammergesetze". http://www.bundesaerztekammer.de/downloads/Arbeitspapier_Mitgliedschaft_RV-Pflicht_Kurzf._20140115_FINAL.pdf. Zugegriffen: 22. Juni 2014.
62. Jurkat, H. B., & Reimer, C. (2001). Arbeitsbelastung und Lebenszufriedenheit bei berufstätigen Medizinern in Abhängigkeit von der Fachrichtung. *Schweizerische Ärztezeitung, 82*(32/33).
63. www.dkgev.de/media/file/14551.RS287-13_Anlage-Kostenstruktur.pdf. Zugegriffen: 22. Juni 2014.
64. http://news.doccheck.com/de/485/jungarzte-ausbeutung-mit-ansage/. Zugegriffen: 07. Juli 2014.
65. Nölling, T. (2012). Zielvereinbarungen in Chefarztdienstverträgen. http://www.dgu-online.de/uploads/tx_news/WBK_-_Beitrag__-_Zielvereinbarungen_in_Chefarzt-Dienstvert_r%C3%A4gen_17-02-2012.pdf. Zugegriffen: 07. Juli 2014.

# Alternativen für Ärzte in Unternehmen der Medizinbranche

3

## 3.1 Über den Berufswechsel

Nicht viele Ärzte fassen den Entschluss, nachdem sie sich für eine medizinische Karriere entschieden haben, in ein anderes, entfernteres Betätigungsfeld zu wechseln.

Meist sind es die Opportunitätskosten, die sie abschrecken, denn sie haben ja schon extrem viel Zeit und Mühen in die eigene Ausbildung und Position investiert.

Beim Wechsel in eine andere Branche wird von einem Quereinstieg gesprochen. Beliebte Branchen für einen Quereinstieg sind Unternehmensberatung, IT-Branche, Vertrieb, Personalberatung, Immobilien- und Medienbranche.

Ein Arzt hat in der Regel auch eine bestimmte Gehaltserwartung, die sich zumeist in dem begründet, was zum derzeitigen Ausbildungsstand in der Klinik verdient werden kann. Tab. 2.1 in Abschn. 2.3.2 gibt Auskunft über das aktuelle Verdienstniveau von Klinikärzten.

Ein Quereinstieg ist häufig nicht leicht. Viele Unternehmen scheuen sich, Quereinsteiger einzustellen, da sie Bewerber mit Branchenkenntnissen vorziehen, auf der anderen Seite bringen Quereinsteiger neue Ideen mit, die für das Unternehmen von Vorteil sein können.

### 3.1.1 Welche allgemeinen Qualifikationen bringt ein Arzt mit?

Abgesehen von Berufen, die eine bestimmte Voraussetzung benötigen, wie z. B. die Befähigung zum Richteramt für Rechtsanwälte oder die

© Springer Fachmedien Wiesbaden 2016
C. Renner, *Der Arzt in der Wirtschaft*,
DOI 10.1007/978-3-658-07059-5_3

Apotheker-Approbation für Apotheker, das Kapitänspatent für Schiffskapitäne oder die Fluglizenz für Piloten, können Ärzte eine Vielzahl von alternativen Berufen ergreifen.

Damit ein Beruf als Alternative zum ärztlichen Beruf infrage kommt, sollten ein paar grundsätzliche Faktoren berücksichtigt werden.

Ein Arzt hat eine hohe Ausbildung genossen, die, abhängig von der Dauer der Berufserfahrung, um eine Vielzahl praktischer Erfahrungen ergänzt wurde. Er hat gelernt, autark zu arbeiten und mit den schwierigsten Umständen wie z. B. Notfallsituationen umzugehen.

Ärzte sind es gewohnt, sich selbstständig um Weiterbildung zu kümmern, und das Wissen darüber, dass man nie auslernt, ist ihnen in Fleisch und Blut übergegangen.

Die Motive für ein Medizinstudium sind überwiegend idealistischer Natur. Doch später im Berufsleben wird der Idealismus vom Wunsch nach Kompetenz in Diagnostik und Therapie abgelöst. Mit zunehmender Berufserfahrung treten auch der Wunsch nach Kompetenz in der menschlichen Zuwendung und das kommunikative Geschick gegenüber Kollegen und Patienten in den Vordergrund. Dies zumindest ergaben Befragungen, geleitet von Priv.-Doz. Dr. biol. hom. Harald Jurkat, an der Universität Gießen [1]. Dies sind alles Qualifikationen, die in zahlreichen anderen Berufsfeldern ebenfalls wichtig sind.

Eine weitere Qualifikation, die das ärztliche Berufsleben mit sich bringt, ist der Umgang mit Zeitdruck. Nicht nur bei der Versorgung von Notfallpatienten, auch bei den täglichen Routinen spielt Zeit angesichts der Vielzahl der täglichen Aufgaben für den Arzt eine kritische Rolle.

Die meisten Ärzte lassen sich auch von Überstunden und Diensten nicht abschrecken, sind also gewohnt, mehr zu arbeiten. Auch wenn das einer der Hauptgründe für Unzufriedenheit ist, ist es doch eine jederzeit abrufbare Fähigkeit von Ärzten: die Belastbarkeit und Bereitschaft zu Überstunden. Es sind auch nicht die Überstunden und Dienste per se, die zur Unzufriedenheit beitragen, sondern eher, dass diese unzureichend vergütet und anerkannt werden und dass die Arbeitsbelastung in den Diensten zu groß ist [2].

Ärzte sind Naturwissenschaftler mit einem breiten Portfolio an Randfachgebieten. In ihrer Ausbildung haben sie Mathematik und Statistik, Chemie, Biologie, Geisteswissenschaften und Rechtswissenschaften berührt.

Für welche Berufe außerhalb des Heilberufs eignen sich Ärzte? Die folgende Liste soll dazu einen Überblick geben und beschränkt sich nicht auf rein arzttypische alternative Berufsfelder. Berufsfelder mit einem Durchschnittseinkommen unter 60.000 EUR werden nicht genannt, obwohl sie natürlich theoretisch auch infrage kommen könnten.

- Wirtschaft
  - Pharmaindustrie
  - Medizintechnik
  - Unternehmensberatung
  - SAP-Organisator
  - Reimbursement-Spezialist
  - Pharmareferent
  - Immobilienmakler
  - Business Development Manager Gesundheitswesen
  - Marketingmanager/Direktor
  - Verwaltungsleiter
  - Produktmanager
  - Gebietsverkaufsleiter
  - Account und Key Account Manager
  - Datenbankprogrammierer
  - Personalleiter
  - Businessunit Direktor
- Forschung
  - Pharmaunternehmen
  - Universität
  - Forschungsleiter
- Krankenhaus
  - Geschäftsführer
  - Verwaltungsdirektor
  - Controller
  - Entwicklungsleiter Medizintechnik
  - Personalleiter
- Selbstständigkeit
  - Immobilienmakler
  - Geschäftsführer/Unternehmer

Ein Beruf, der wohl eher nicht über klassische Bewerbungen eingeschlagen wird, soll ebenfalls angeführt werden: der Lobbyist oder Interessenvertreter.

Lobbyisten sorgen dafür, dass die Gesetzgebung die Interessen ihrer Auftraggeber berücksichtigt. Je nachdem, ob sie etwa für Krankenversicherungen, Pharmaindustrie oder Apotheken tätig sind, fallen diese Anliegen nicht nur verschieden aus, sondern stehen sich oft diametral gegenüber, denn jeder will den größten Nutzen aus seinen Leistungen ziehen.

Voraussetzungen für die Arbeit als Interessenvertreter sind neben dem medizinischen Wissen das sichere Beherrschen der nationalen wie internationalen Sozialgesetzgebung. Weil die Arbeit der Lobbyisten meist im Hintergrund stattfindet, ist ein hohes Maß an Diskretion erforderlich. Darüber hinaus bedarf es eines ausgeprägten diplomatischen Geschicks, um die Parlamentarier zu überzeugen.

Da außerdem die Grenze zwischen interessenfördernder Aufmerksamkeit für das Gegenüber und Abgeordnetenbestechung meist fließend verläuft, ist die Kenntnis der einschlägigen Rechtsnormen unabdingbar. Wer dadurch erfolgreich im Geschäft ist, muss aus Diskretionsgründen zwar auf Ruhm verzichten, kann sich seine Dienste aber fürstlich honorieren lassen [3].

Die fachferne Einsatzfähigkeit von Ärzten ist auch der Unternehmensberatung Kienbaum bekannt:

Kienbaum-Berater Amblank hält fest: „Das Studium bestimmt nicht über die nächsten vierzig Jahre. Für Juristen und Betriebswirtschaftler ist das längst selbstverständlich, für Ärzte immer noch kaum denkbar. Auch, weil der soziale Druck enorm ist." Was muss das für ein komischer Typ sein, heißt es allzu oft, der freiwillig etwas anderes macht, obwohl er den höchstangesehenen Beruf erlernt hat?

„Dabei bringen Ärzte Fähigkeiten mit, die entscheidend sind für Führungskräfte in allen Branchen", so Amblank. Es fehle ihnen zwar meist wirtschaftliches Verständnis, Teamerfahrung und Projektmanagement. Aber sie lernen grundsätzliche Dinge, die in vielen Berufen gefragt sind: Sie haben eine naturwissenschaftliche Ausbildung, können mit kritischen Situationen und Stress umgehen, sie sind gewohnt, mit ganz unterschiedlichen Menschen zurechtzukommen und komplexe Zusammenhänge einzuordnen. Amblank: „Es gibt viel mehr Mediziner in der Wirtschaft, als bekannt ist. Wer weiß schon, dass Michael Dell von Dell-Computer Arzt war?" [4].

### 3.1.2  Der Prozess des Berufswechsels

Auch wenn es für Ärzte in Deutschland derzeit relativ leicht ist, eine Anstellung im Bereich der kurativen Medizin zu finden, sofern regionale Flexibilität besteht, muss die Entscheidung eines Wechsels in ein wirtschaftliches Tätigkeitsfeld reiflich überlegt werden, da eine Rückkehr in den Arztberuf das Risiko von Einschränkungen mit sich bringt.

Die sogenannten Opportunitätskosten eines Berufswechsels können beinhalten, dass

- ein Wohnortwechsel mit Umzug und daraus folgenden Einbußen im Kontakt zum Familien- und Freundeskreis in Kauf genommen werden muss,

- das Ansehen des neuen Berufs in der Bevölkerung geringer ist,
- eine angestrebte Chefarztposition nicht mehr erreicht werden kann,
- der Facharzt nicht abgeschlossen werden kann,
- das innere Gefühl, Menschen zu helfen, verloren gehen kann,
- der neue Beruf eintöniger erscheint,
- man emotional darunter leidet, dass das erworbene Fachwissen sich verlieren kann.

Auch bedeutet ein Berufswechsel in der Regel, dass sich in einen neuen Bereich erst wieder eingearbeitet und der Status als Profi neu erworben werden muss. Finanzielle Aspekte des Berufswechsels sind ebenso relevant. Es kann sein, dass zunächst eine geringer bezahlte Position bezogen wird, was natürlich abhängig von der Branche ist, in die gewechselt wird.

Andererseits bietet ein Berufswechsel die Chancen auf

- bessere Arbeitszeiten und allgemeine Arbeitsbedingungen,
- höhere Verdienstmöglichkeiten,
- Erweiterung des persönlichen und beruflichen Horizonts,
- Durchbrechen einer festgefahrenen Berufsroutine (falls zutreffend),
- gegebenenfalls Näherkommen an ein Lebensziel,
- mehr Lebensfreude,
- mehr Freude am Beruf.

Wurde nach sorgfältigem Abwägen der Risiken und Chancen der Entschluss zu einem Berufswechsel gefasst, sollte dieser auch richtig und nicht halbherzig vollzogen werden, da er stets mit emotionalen und/oder finanziellen Kosten verbunden ist. Ein Berufswechsel ist immer als ein Lebensprojekt anzusehen, um ihm die nötige Wichtigkeit zu geben. Die Motivation muss stimmen, damit ein Berufswechsel auch ein Erfolg werden kann. Denn wer etwas dem Zufall überlässt, darf sich nicht wundern, wenn er ein zufälliges Ergebnis erhält.

Ärzte sind es gewohnt, bei der Patientenversorgung nichts dem Zufall zu überlassen. Dies muss auch für diesen entscheidenden Lebensschritt gelten.

Daher erfordert der Wechsel eine intensive Vorbereitung, die eine lange Zeit in Anspruch nehmen und sogar Jahre dauern kann, da zum Beispiel noch ein Abschnitt der medizinischen Laufbahn beendet werden soll, bevor aus ihr ausgeschieden wird. Diese Zeit sollte sinnvoll investiert werden. Dies beinhaltet, ohne Anspruch auf Vollständigkeit, unter anderem folgende wesentliche Schritte [5]:

- Kommunikation mit dem Umfeld
  - Ein Berufswechsel ist in der Regel sehr zeitaufwendig und arbeitsintensiv. Da die nötigen Vorbereitungen meist in der Freizeit erfolgen, steht weniger Zeit für die Familie oder Freunde zur Verfügung. Auch wenn es banal klingt, ist die Unterstützung des persönlichen Umfelds sehr wichtig. Daher sollte das Umfeld frühzeitig über den geplanten Schritt informiert werden. Letztlich kann es auch durch zusätzlichen Input bei der Vorbereitung behilflich sein.
- Schaffung eines Netzwerks
  - Keine Information ist nutzlos. Ein persönliches oder berufliches Netzwerk kann bei der Informationsbeschaffung extrem hilfreich sein. Ob es sich nun um den Aufbau eines persönlichen Netzwerks oder die Nutzung eines professionellen beruflichen Netzwerkportals wie LinkedIn oder Xing handelt, bleibt den persönlichen Neigungen überlassen.
- Information
  - Erwerb von Kenntnissen über notwendige oder gewünschte Qualifikationen
  - Beschäftigung mit Brancheninsides
  - Beschäftigung mit der jeweiligen Fachliteratur
  - Gespräche mit Arbeitnehmern in der entsprechenden Branche, um Informationen über die Branche, Arbeitsbedingungen und zu erwartende Anforderungen zu erhalten
  - Suche von Mentoren, die bei der Vorbereitung und Durchführung helfen können
- Erstellung eines Zeitplans
  - Ein Zeitplan ist hilfreich, um sich auf das Projekt Berufswechsel zu fokussieren und Zeit nicht ungenutzt verstreichen zu lassen. Wenn eine Art Deadline für die verschiedenen Abschnitte des Plans gesetzt wurde, fällt es deutlich leichter, den nötigen Arbeitsaufwand in den zeitlichen Rahmen einzupassen.
- Qualifikation
  - Erwerb notwendiger Qualifikationen wie z. B.
    Weiterbildungen durch ein Zusatzstudium, welches häufig neben dem Job absolviert werden kann. Insbesondere eine betriebswirtschaftliche Zusatzausbildung ist für die meisten Branchen von Vorteil. Je nach Branche kann es sich aber auch um Weiterbildung in der EDV, im Journalismus oder im Falle des Wunsches nach einer Forschungskarriere in einem Pharmaunternehmen auch um medizinische Weiterbildung und Zusatzqualifikationen handeln.

Aufbessern oder Erwerben von Fremdsprachenkenntnissen, insbesondere
Englisch

Vollendung der Promotion, falls noch nicht geschehen, denn ein Doktor-
titel, egal welcher Fachrichtung, schlägt sich in fast jeder Branche nicht
nur im Gehalt nieder [6], sondern kann auch den weiteren Karriereweg
beschleunigen.

– Nicht jede Qualifikation ist gleichwertig. Gerade bei Wirtschaftsunternehmen kann es entscheidend sein, wo die Zusatzqualifikation erworben
wurde. Zum Beispiel gibt es viele Anbieter von MBA-Studiengängen.
Doch sind sie in der Regel nicht alle als gleich hochwertig zu betrachten.
Ein günstiger MBA-Titel kann per Fernstudium erlangt werden. Ob dieser
dann allerdings das entsprechende Ansehen hat, ist von vielen Faktoren wie
Akkreditierung, Ranking des Studiengangs bei einschlägigen Ratinganbie-
tern etc. abhängig. Mehr über das Thema ist in Abschn. 4.10 zu erfahren.
Es soll hier nur klargestellt werden, dass die Suche nach einem Anbieter
von Zusatzqualifikationen mit größter Sorgfalt erfolgen sollte.

• Förderungsmöglichkeiten evaluieren

– Für viele Weiterbildungen gibt es von verschiedenen Anbietern Förderungsmöglichkeiten, wie z. B. Stipendien. Anbieter können Arbeits-
agenturen, Wirtschaftsstiftungen oder Fördervereine sein. Aber auch
Wirtschaftsschulen und Universitäten bieten In-house-Stipendien an. Über
Förderungsmöglichkeiten sollte sich frühzeitig informiert werden, da sie
häufig an Termine, Fristen und bestimmte Gegebenheiten gebunden sind.

• Analyse der Jobchancen

– Auch wenn der Wechsel noch nicht unmittelbar bevorsteht, hilft es, um sein
Qualifikationsprofil zielgerichtet weiterauszubilden, sich über die Arbeits-
marktsituation ein Bild zu machen. Durch Benachrichtigungsmitteilungen
in Jobportalen kann sich anhand von Stellenausschreibungen über mögliche Betätigungsfelder informiert werden. Anhand von Ausschreibungen
kann festgestellt werden, für welche Positionen aufgrund der bisherigen
Berufserfahrung bessere Qualifikationen mitgebracht werden als von anderen Bewerbern. Hierdurch kann gegebenenfalls auch ein Nachteil, den ein
Quereinsteiger durch mangelnde branchenrelevante Berufserfahrung hat,
wieder ausgeglichen werden.

• Aktive Bewerbung

– Wenn die Zeit gekommen ist, werden die ersten Bewerbungen ver-
schickt. Gerade für Quereinsteiger sind Initiativbewerbungen mindestens
genauso wichtig wie Bewerbungen auf ausgeschriebene Stellen. Durch die

Initiativbewerbung kann bei Arbeitgebern das Interesse geweckt werden, eine neue Stelle zu schaffen, die auf das eigene Profil zugeschnitten ist. Letztendlich wird ja möglicherweise eine Expertise als Arzt mitgebracht, an die das Unternehmen bei Stellenausschreibungen bisher noch gar nicht gedacht hat.

- Das eigene Netzwerk sollte für die aktive Bewerbungsphase nicht unterschätzt werden. Freunde, Bekannte, Kontakte aus LinkedIn oder Xing, aber auch Firmenvertreter können helfen, den Kontakt herzustellen, oder auch Empfehlungsschreiben ausstellen. In manchen Branchen ist es sogar üblich, dass die Firma ihren Mitarbeitern für die erfolgreiche Rekrutierung eines Mitarbeiters eine Prämie zahlt. Daher kann insbesondere das Ansprechen von Mitarbeitern einer Firma der Branche, in die ein Wechsel attraktiv erscheint, sehr Erfolg versprechend sein, da so leicht wertvolle Tipps zu erhalten sind, wie sich ideal auf die Bewerbung vorbereitet werden sollte, denn der Firmenmitarbeiter hat ein persönliches Interesse an der Vermittlung.

- Übergang vorbereiten
  - Wurde ein neuer Arbeitgeber gefunden, muss der Übergang vorbereitet werden. Die Kündigung muss eingereicht werden. Dies sollte in der Regel persönlich geschehen, um eventuelle Missverständnisse auszuräumen und anhand der Reaktion des Chefarztes zu erfahren, wie dieser die Kündigung aufnimmt. Möglicherweise wird dadurch vermieden, dass das Verhältnis durch die Kündigung belastet wird. Immerhin kann es ja sein, dass der ehemalige Chef beim neuen Arbeitgeber der wichtigste Kunde wird.
  - Die Zeit von der Kündigung bis zum Ausscheiden sollte genutzt werden, um alle offenen Aufgaben abzuschließen. Dies kann z. B. bedeuten, dass alle Patientenakten abgeschlossen, Forschungsprojekte beendet oder an einen Nachfolger übergeben werden.
  - Das berufliche Netzwerk sollte ebenfalls über den anstehenden Wechsel informiert werden. Dies können abteilungsferne Kollegen sein, aber auch Firmenvertreter oder Kollegen anderer Kliniken. Das Profil auf Netzwerkportalen sollte pünktlich aktualisiert werden, denn aus solcher Informationsweitergabe können sich später beim neuen Arbeitgeber neue Kunden generieren, falls eine Stelle mit Affinität zum Vertrieb gewählt wurde.

- Übergang durchführen
  - Über die Tätigkeit in einem Industrieunternehmen wird in Kap. 6 berichtet. Es braucht Zeit, sich in das neue Tätigkeitsfeld einzufinden. Das weiß aber

in der Regel auch der neue Arbeitgeber und wird alle Hilfestellungen geben, um zu ermöglichen, dass diese Zeit so effektiv wie möglich genutzt wird.

## 3.2 Alternative Berufsfelder

Das derzeit wahrscheinlich am häufigsten genannte alternative Berufsfeld ist der Medizincontroller, da es relativ nahe an der kurativen Tätigkeit liegt und zumindest auch im Krankenhaus angesiedelt ist. Aber auch Krankenhausgeschäftsführung, Qualitätssicherung, Medizininformatik oder Telemedizin stellen wichtige alternative oder ergänzende Berufsmöglichkeiten dar. Etwas ferner dem Krankenhaus angesiedelt ist der Medizinjournalist oder Medical Manager.

Viele dieser Berufsfelder sind relativ neu entstanden, unter anderem durch den Wandel im Gesundheitssystem. Im Folgenden werden einige ihrer Charakteristika aufgezeigt.

### 3.2.1 Medizincontrolling

**Medizincontrolling** ist in der Regel der Krankenhausleitung angegliedert. Aufgabenbereiche umfassen die Steuerung und Optimierung der Dokumentation und Codierung für das DRG-System, die Mitwirkung bei der Organisation in den Fachabteilungen, die Mitwirkung bei Budgetverhandlungen, interne Beratung (Consulting) und Hauptverantwortlichkeit für MDK-Verfahren. Durch Prozessorientierung werden Kosten optimiert. Ein Medizincontroller hat Schnittstellenfunktion zwischen Patientenmanagement, Administration, Dokumentation, Medizininformatik, Finanzwesen, Leistungscontrolling, Prozesscontrolling, Standardisierung, Qualitätsmanagement, Strategieplanung, Rechtsabteilung, Marketing und Abrechnung.

Als Qualifikationen werden neben einer ärztlichen Approbation mit mehrjähriger Berufserfahrung eine betriebswirtschaftliche Zusatzausbildung, Kenntnisse des Medizin- und Arbeitsrechts und EDV-Kenntnisse vorausgesetzt.

Medizincontrolling kann je nach Krankenhausgröße eine eigene Abteilung im Bereich des Klinikvorstands mit eigener ärztlicher Leitungsposition (Chefarzt) darstellen.

Das Gehalt liegt im Durchschnitt im Bereich zwischen 45.000 EUR (Einsteiger) und 125.000 EUR (Topverdiener) [7, 8].

Weitere Informationen erteilt die Deutsche Gesellschaft für Medizincontrolling e. V. [9].

## 3.2.2  Ärztliches Qualitätsmanagement

**Ärztliches Qualitätsmanagement** ist eine Zusatzbezeichnung, die im Jahr 2003 eingeführt wurde.

Qualitätssichernde Maßnahmen werden vom Gesetzgeber vorgeschrieben [10, 11] und sind daher keine freiwillige Selbstverpflichtung mehr. Durch die Vorgabe einer starken Vernetzung der einzelnen Leistungserbringer im Gesundheitswesen soll ein einheitliches Qualitätsmanagementsystem erreicht werden. Krankenhäuser haben eine Berichts- und Veröffentlichungspflicht und müssen der GKV einen Qualitätsbericht zur Verfügung stellen. Die GKVen oder KVen können diesen Bericht nutzen, um geeignete Krankenhäuser zu empfehlen. In den Berichten findet sich unter anderem aufgeführt, welche Operationen wie oft oder welche hausindividuellen Maßnahmen des Qualitätsmanagements durchgeführt werden. Diese Qualitätsberichte werden auch im Internet veröffentlicht und können krankenhausindividuell beim Gemeinsamen Bundesausschuss [12] oder auf den Webseiten der GKVen abgerufen werden.

Es ist ebenfalls gesetzlich festgelegt, dass jedes Krankenhaus einen ausgebildeten Qualitätsmanager einsetzen muss.

Derzeit existieren drei verschiedene Ansätze des Qualitätsmanagements. Das KTQ-Verfahren (Kooperation für Transparenz und Qualität im Gesundheitswesen), PCC (proCum Cert), das EFQM-Modell für Excellence und die DIN EN ISO 9001: 2000 [13]. Alle Ansätze beinhalten interne und externe Kontrollen und Bewertungen (Audits). Dies fällt in den Zuständigkeitsbereich des Qualitätsmanagers. Das Qualitätsmanagement wird in Zeiten der DRG und in Anbetracht der straffen ökonomischen Lage im Gesundheitssystem immer wichtiger, da der Wettbewerb über das mittel- bis langfristige Preis-Leistungs-Niveau und die Qualität der angebotenen Leistung erfolgt.

Weiterbildungsinhalte sind im Curriculum der Bundesärztekammer [14] festgelegt.

Als Qualifikationen werden vorausgesetzt: Approbation und Facharzt, Zusatzbezeichnung ärztliches Qualitätsmanagement und Berufserfahrung in diesem Gebiet sowie EDV-Kenntnisse.

Als Aufgaben fallen an: Verantwortung für berufsgruppenübergreifende Koordinierung des Qualitätsmanagementprozesses und der Qualitätssicherung, strategische Beratung und Unterstützung bei der Implementierung von Qualitätsmanagementprojekten wie z. B. Zertifizierungsverfahren, Koordinierung der internen Kommunikation, Organisation der Fort- und Weiterbildungen, Marketing unter Qualitätsmanagementaspekten, Investitionsplanung und Budgetverantwortung sowie Erstellung und Prüfung von Qualitätsberichten.

Ärztliches Qualitätsmanagement kann je nach Krankenhausgröße eine eigene Abteilung im Bereich des Klinikvorstands mit eigener ärztlicher Leitungsposition (Chefarzt) darstellen, ist jedoch häufig als Zusatzaufgabe bei einem Chefarzt angesiedelt.

Das Gehalt liegt im Durchschnitt im Bereich zwischen 42.000 EUR (Einsteiger) und 125.000 EUR (Topverdiener) [7, 8].

Weitere Informationen können unter anderem bei der Deutschen Gesellschaft der Ärzte für Qualitätsmanagement e. V. angefragt werden [15].

### 3.2.3  Public Health Manager

**Public Health** ist eine Wissenschaft, die sich mit Theorie und Praxis der Verhinderung von Krankheiten, der Verlängerung des Lebens und der Förderung der physischen und psychischen Gesundheit befasst. Hierbei werden wissenschaftliche Erkenntnisse gewonnen und umgesetzt. Dies bezieht sich auf die Häufigkeit und Verteilung von Erkrankungen, Ursachen von Gesundheit und Krankheit und die Wirksamkeit verschiedener Maßnahmen zur Gesundheitsförderung und Krankheitsprävention. Des Weiteren beinhaltet Public Health die Wirtschaftlichkeit von Maßnahmen, Bedarfs- und Verteilungsgerechtigkeit, allgemeine Aspekte zur Optimierung eines Gesundheitssystems (inklusive Ausbildung, Kostenerstattung und Rollenverteilung) und die individuelle Beteiligung der Bevölkerung [16].

Public Health Master werden häufig in Forschungseinrichtungen, im öffentlichen Gesundheitsdienst, in Krankenversicherungen, Kammern, Kassenärztlichen Vereinigungen, Unternehmensberatungen und der Pharmaindustrie eingesetzt.

Aufgabengebiete und Verdienstmöglichkeiten sind von der entsprechenden Position abhängig.

Weitere Informationen sind auf der Homepage der Deutschen Gesellschaft für Public Health e. V. (DGPH) [16] zu finden.

### 3.2.4  Medizinjournalist

Ein **Medizinjournalist** kann seinem Beruf sowohl selbstständig als auch angestellt nachgehen. Anders als in anderen medizinischen Berufen gibt es für den Medizinjournalisten keine allgemeingültige Ausbildung. Durch eine ärztliche Approbation und ärztliche Berufserfahrung können die Fachkenntnisse erhöht werden. Auch fundierte Kenntnisse über medizinische Studien und deren Durchführung können z. B. durch eine Promotion nachgewiesen werden. Obwohl es

Journalistenschulen und Zusatzstudiengänge gibt, lässt sich der sichere Umgang mit der Sprache nur durch das Schreiben selbst darstellen. Für viele bildet ein Volontariat einen Einstieg.

Medizinjournalisten fungieren als kommunikative Vermittler von Informationen zwischen Medizinern und Laien. Das Tätigkeitsspektrum umfasst das Schreiben von Artikeln für Fachzeitschriften, internen Artikeln für Unternehmen des Gesundheitswesens, Texten für z. B. Patientenaufklärungsbögen, die Überarbeitung oder das Erstellen medizinischer Publikationen für Auftraggeber (Medical Writing), die Erstellung von Marketingunterlagen für Pharma- und Medizintechnikunternehmen, von Texten für medizinorientierte Webseiten oder für Hörfunk und Fernsehen.

Insbesondere die Verlagswelt hat ihre eigenen Spielregeln, die es zu lernen gilt. So ist die erfolgreiche Veröffentlichung eines Textes durch einen Verlag von vielen persönlichen und strategischen Faktoren abhängig, die unter dem etablierten Begriff „den richtigen Text zur richtigen Zeit der richtigen Person vorgestellt" zusammengefasst werden können.

Das Einkommen für Medizinjournalisten orientiert sich an dem des Journalismus allgemein. Es gibt Tarifverträge des Deutschen Journalisten-Verbandes [17]. Als Größenordnung kann für ein Volontariat im ersten Ausbildungsjahr 18.000 bis 20.000 EUR und für Redakteure 33.000 bis 52.000 EUR angenommen werden. Chefredakteure liegen zwischen 48.000 und 82.000 EUR. Für freie Medizinjournalisten ist die Einkommensspanne schwierig zu ermitteln und hängt von vielen Faktoren ab. Als Richtwert gilt, dass 25 % der freien Medizinjournalisten ein Einkommen über 40.000 EUR und 30 % ein Einkommen von 20.000 bis 40.000 EUR erzielen [18, 19].

Weitere Informationen können beim Verband der Medizin- und Wirtschaftsjournalisten e. V. [20] eingeholt werden.

### 3.2.5  Medizininformatiker

Die Ausbildung zum **Medizininformatiker** ist in Deutschland nicht einheitlich geregelt. Es gibt diverse Studienmöglichkeiten an Universitäten und Fachhochschulen, wobei Medizininformatik häufig nur einen Teilbereich der Informatik darstellt.

Die Bereiche, in denen Beschäftigungsmöglichkeiten für Medizininformatiker bestehen, sind mannigfaltig [21]:

- Bundes- und Landesbehörden
- Behörden bei Regierungspräsidien und Bezirksregierungen
- Gesundheitsämter
- Hygiene-Institute, Medizinal-Untersuchungsämter
- Krankenversicherungen, Bundes- und Landesverbände
- Krankenkassen der GKV
- Unfallversicherungen, Berufsgenossenschaften
- Selbstverwaltungsorgane Ärzte/Zahnärzte
- Ärzte, Praxisgemeinschaften, Ärztehäuser etc.
- Krankenhäuser
- Rehabilitationseinrichtungen
- Pharmaindustrie/Großhandel
- Software-Hersteller (Krankenhaussoftware, Praxiscomputer etc.)
- Hersteller Medizintechnik
- Betriebsärztliche Dienste/Arbeitsmedizin
- Unternehmensberatungen
- Dienstleistungsrechenzentren (z. B. kommunal, kirchlich)
- Datenschutzbeauftragte (Bundes-, Landesebene)
- MI-Institute an Universitäten
- Sonstige Forschungseinrichtungen

Die Qualifikationen eines Medizininformatikers sind entsprechend dem Stellenprofil variabel. Eine ärztliche Approbation und klinische Berufserfahrung sowie wissenschaftliche Erfahrungen erleichtern das Verständnis für medizinrelevante Themen. Sicherer Umgang mit Themen aus Mathematik, Informatik, Biometrie und Gesundheitsökonomie helfen ebenfalls, die Aufgabenbereiche zu bewältigen.

Das Aufgabenspektrum kann z. B. wie folgt dargestellt werden [22]:

- Planung und Realisierung von Informationssystemen für Arztpraxen, Krankenhäuser, betriebsärztliche Dienste, Krankenkassen und Gesundheitsämter
- Organisationsanalysen und Organisationsdesign in medizinischen Einrichtungen
- Einführung und Betreuung von Anwendungssystemen in Gesundheitsversorgungseinrichtungen
- Aufbau und Pflege medizinischer Verschlüsselungs- und Dokumentationssysteme
- Anbindung medizintechnischer Systeme an Informationssysteme sowie Messwertverarbeitung/-analyse
- Anbindung bildgebender Verfahren an Informationssysteme sowie Bildverarbeitung/-analyse
- Entwicklung von Lehr- und Lernsystemen

- Aufbau und Pflege von Literatur- und Wissensbanken zur Entscheidungsunterstützung
- Aufbau und Betrieb von Telematikverfahren im Gesundheitswesen
- Entwicklung und Implementierung von Qualitätssicherungskonzepten
- Aufbau und Betreuung von Datenbanken für epidemiologische Studien
- Technologie- und Organisationsberatung von Gesundheitsversorgungsinstitutionen

Der Gehaltsrahmen für Medizininformatiker liegt im Bereich von 35.000 bis 80.000 EUR [22, 23].

Weitere Informationen können über den Berufsverband Medizinischer Informatiker e. V. [21] und aus dem Infopaket Medizininformatik im Thieme Verlag [24] bezogen werden.

### 3.2.6 Telemedizin

Die **Telemedizin** ist ebenfalls ein relativ neues Tätigkeitsfeld, welches vor allem durch das Internet möglich wurde. Die Telemedizin ist eine Zusammenfassung von Medizin und Telematik. Der Oberbegriff E-Health umfasst die Telemedizin neben anderen elektronischen Medien im Gesundheitswesen wie z. B. elektronische Gesundheitskarte, elektronische Patienten- oder Fallakte, elektronischer Arztbrief, eRezept.

Die Telemedizin ist ein Sammelbegriff für Aktivitäten, Dienste und Systeme im Gesundheitswesen, die über räumliche Entfernung durch Informations- und Kommunikationstechnologie ausgeführt werden.

Hier gibt es verschiedene Betätigungsfelder für Ärzte verschiedener Fakultäten (Radiologie, Innere Medizin mit Kardiologie, Chirurgie, Neurologie, Pathologie, Dermatologie, Anästhesie/Intensivmedizin/Notfallmedizin) wie z. B. Telediagnostik, Teletherapie, Telekonsil, Telemonitoring und Teleschulung.

Beschäftigungsmöglichkeiten bestehen analog der Medizininformatik – und können dort nachgelesen werden (siehe auch Abschn. 3.2.5) – bei einer Vielzahl von möglichen Institutionen und Unternehmen.

Hinsichtlich notwendiger Qualifikationen lassen sich keine fachübergreifenden Kriterien definieren, da die Telemedizin ein sehr heterogenes Anwendungsspektrum beinhaltet. Je nach Einsatzgebiet sind Kenntnisse der Patientenversorgung, EDV und IT-Kenntnisse, juristische Kenntnisse und kommunikative Fähigkeiten, die den Besonderheiten der Telemedizin gerecht werden, notwendig.

Im Positionstext des 113. Deutschen Ärztetages lassen sich weitere Voraussetzungen und Rahmenbedingungen für Telemedizin nachlesen [25].

Der Gehaltsrahmen für Ärzte mit einer hauptsächlichen Tätigkeit im Bereich der Telemedizin lässt sich aufgrund der Heterogenität der Beschäftigungsfelder nicht aufzeigen. Die Verdienstmöglichkeiten orientieren sich in der Regel an in der jeweiligen Branche üblichen Maßstäben.

Weitere Informationen sind erhältlich über die Deutsche Gesellschaft für Telemedizin (DGTelemed) [26].

### 3.2.7 Krankenhausmanagement, Geschäftsführer, Ärztlicher Direktor

Unter **Krankenhausmanagement** fällt einerseits das mittlere Management mit seinen Leitungsaufgaben, die die Strategien des Topmanagements in operative Entscheidungen und konkretes Handeln umsetzen, und andererseits die Geschäftsführung. Während das ärztliche Mittelmanagement bei Abteilungsleitern, also Chef- und Oberärzten, liegt, ist die Geschäftsführung eine darüberstehende Funktion.

#### 3.2.7.1 Ärztlicher Direktor

Nicht zu verwechseln ist die Geschäftsführung mit dem Amt des **Ärztlichen Direktors**. Der Ärztliche Direktor ist der Vertreter der leitenden Ärzte eines Krankenhauses und kann dieses Amt haupt- und nebenberuflich, haupt- und ehrenamtlich, dauerhaft und temporär ausüben. Die Aufgabenstellungen des Ärztlichen Direktors sind nicht einheitlich geregelt. Häufig ist sein Zuständigkeitsbereich die Sicherung der ärztlichen Versorgung. Auch wenn das Saarländische Krankenhausgesetz keine bundesweite Gültigkeit hat, gibt § 18 der Fassung vom 13. Juli 2005 einen Überblick über die Aufgaben des Ärztlichen Direktors zumindest im Saarland [27].

Gesetz Nr. 1573 – Saarländisches Krankenhausgesetz
Vom 13. Juli 2005
„§ 18
Ärztliche Direktorin oder Ärztlicher Direktor

1) Die Ärztliche Direktorin oder der Ärztliche Direktor vertritt vorrangig die medizinischen Belange in der Krankenhausleitung.
2) Der Ärztlichen Direktorin oder dem Ärztlichen Direktor obliegt die Sicherstellung der medizinischen Versorgung,
   insbesondere

1. die Sicherstellung der Zusammenarbeit des ärztlichen Dienstes und der Fachabteilungen,
2. die Koordinierung der ärztlichen und medizinisch-technischen Dienste sowie die Ausübung der ärztlichen Fachaufsicht in diesen Bereichen,
3. die Sicherstellung des ärztlichen Aufnahmedienstes,
4. die Sicherstellung der ärztlichen Aufzeichnung und Dokumentation,
5. die Sicherstellung der Krankenhaushygiene und der kontinuierlichen Qualitätskontrolle der Krankenhausleistungen,
6. die Weiter- und Fortbildung von Ärztinnen und Ärzten, Zahnärztinnen und Zahnärzten, Apothekerinnen und Apothekern, Psychologischen Psychotherapeutinnen und Psychotherapeuten sowie Kinder- und Jugendlichenpsychotherapeutinnen und -therapeuten,
7. die Überwachung der Durchführung gesundheitsbehördlicher Anordnungen,
8. die Sicherstellung der gesundheitlichen Überwachung der Beschäftigten im Krankenhaus und
9. die Sicherstellung der Zusammenarbeit mit anderen Einrichtungen des Gesundheits- und Sozialwesens gemäß § 4 Abs. 3."

### 3.2.7.2 Geschäftsführung

Auch wenn in der überwiegenden Zahl ein kaufmännischer Geschäftsführer, also in der Regel ein Diplom-Kaufmann, die Geschicke einer medizinischen Einrichtung, Klinik, MVZ lenkt, finden sich doch auch Ärzte in der Geschäftsführung. Teilweise wird die Geschäftsführung in einer Doppelbesetzung mit einem kaufmännischen und einem medizinischen Geschäftsführer betrieben, jedoch kann ein Arzt mit fundierter und praxiserprobter Betriebswirtschaftserfahrung die Geschäftsführung auch alleine ausüben. Inwieweit gleichzeitig noch ärztliche Funktionen übernommen werden können, hängt natürlich von vielen Faktoren, wie z. B. der Größe der Institution, ab. Um ein Verständnis für die Verantwortungen eines Geschäftsführers zu bekommen, sollen Hintergrundinformationen zum Betrieb von Krankenhäusern gegeben werden.

Wie bereits im ersten Kapitel ausgeführt, sind traditionell drei Gruppen von Krankenhausträgern zu unterscheiden: öffentliche, private und freigemeinnützige Träger. Darüber hinaus bestehen verschiedene Rechtsformen des Betriebs „Krankenhaus". Eine prinzipielle Unterscheidung ist die Rechtsform des öffentlichen und die des privaten Rechts.

### 3.2.7.2.1 Rechtsformen des privaten Rechts

Im **privaten Recht** wird der Rechtsverkehr entweder als Einzelperson oder als Gesellschaft durchgeführt. Eine Gesellschaft ohne Rechtsfähigkeit nennt man Personengesellschaft, eine mit Rechtsfähigkeit ist eine juristische Person.

Eine **Einzelperson** kann den Rechtsverkehr alleine vollgültig durchführen, haftet jedoch mit ihrem gesamten Vermögen. Der Betrieb eines Krankenhauses durch eine Einzelperson ist sehr selten, z. B. im Fall einer Privatklinik.

Eine **Personengesellschaft** bildet in der Regel ein gemeinsames Vermögen, welches allen Gesellschaftern zusteht. Auch diese Form ist aus haftungsrechtlichen Gründen nur selten Betreiber eines Krankenhauses. Unter Personengesellschaften fallen die Gesellschaft bürgerlichen Rechts (GbR), die offene Handelsgesellschaft (oHG) und die Kommanditgesellschaft (KG).

**Juristische Personen** sind eine rechtsfähige Gesamtheit. Einer juristischen Person stehen mit einigen Ausnahmen (z. B. Eheschließungen) alle Rechte und Befugnisse von natürlichen Personen zu. Handlungen der juristischen Person werden durch natürliche Personen, sog. Organe, durchgeführt, für die es gesetzliche Regelungen der Befugnisse gibt.

Formen von juristischen Personen sind der Verein, die Stiftung des privaten Rechts, die Gesellschaft mit beschränkter Haftung (GmbH), die Aktiengesellschaft (AG) und die Kommanditgesellschaft auf Aktien (KGaA). Diese unterscheiden sich unter anderem in der Vermögenshaftung und verschiedenen rechtlichen Aspekten sowie in den Organen.

Die Geschäftsführung wird bei Vereinen, Stiftungen des privaten Rechts, AGs und KGaA durch einen Vorstand übernommen.

Der Verein hat als weiteres Organ die Mitgliederversammlung. Weitere Organe der AG und KGaA sind die Hauptversammlung und der Aufsichtsrat.

Bei der GmbH werden ein oder mehrere Geschäftsführer bestellt. Weitere Organe der GmbH sind die Gesellschafterversammlung und optional der Aufsichtsrat.

Ein Vorstand kann aus einer oder mehreren Personen bestehen.

Hauptaufgabe des Aufsichtsrats ist die Überwachung der Geschäftsführung, jedoch nicht die Geschäftsführung selbst.

Die GmbH ist die häufigste Rechtsform für Krankenhäuser.

### 3.2.7.2.2 Rechtsformen des öffentlichen Rechts

**Rechtsformen des öffentlichen Rechts** werden durch einen hoheitlichen Akt, z. B. ein Gesetz, gegründet. Man unterscheidet mit eigener Rechtsfähigkeit Körperschaften, Anstalten und Stiftungen des öffentlichen Rechts.

**Körperschaften des öffentlichen Rechts** haben hoheitliche Aufgaben und sind z. B. Gemeinden, Kommunen und Landkreise. Als deren Teilbereich kann beispielsweise ein von einer Kommune betriebenes Krankenhaus eine Körperschaft des öffentlichen Rechts sein.

**Anstalten des öffentlichen Rechts** werden durch einen Anstaltsträger betrieben. Sie haben keine Hoheitsgewalt. Der Anstaltsträger legt unter anderem die Organe sowie Kontroll- und Weisungsbefugnisse fest.

**Stiftungen des öffentlichen Rechts** unterscheiden sich durch ihre Gründung von privatrechtlichen Stiftungen, da sie durch Gesetz oder Verwaltungsakt gegründet werden.

Ohne eigene Rechtsfähigkeit sind die Rechtsformen des öffentlichen Rechts Regiebetrieb und Eigenbetrieb. Der **Regiebetrieb** wird von den Organen des Verwaltungsträgers betrieben, der auch die Haftung trägt. Der **Eigenbetrieb** ist organisatorisch und wirtschaftlich vom Verwaltungsträger unabhängig. Die Regelungen zur Ausgestaltung der Rechtsverhältnisse und Organisation werden vom Verwaltungsträger festgelegt. Lenkungs- und Steuerfunktionen übernehmen eine Betriebsleitung, ein Betriebsausschuss und der Gemeinderat. Die Haftung übernimmt auch hier der Verwaltungsträger [28].

Ob nun die Geschäftsführung vom Vorstand, Vorstandsvorsitzenden oder Geschäftsführer ausgeübt wird, hängt von der Rechtsform des Krankenhauses ab.

Auch die Zuständigkeit der Geschäftsführung ist von lokalen Gegebenheiten abhängig. Im Folgenden sollen einige allgemeingültige Aufgaben aufgeführt werden [29]:

• Erarbeitung und Umsetzung der Unternehmensstrategie, Setzen von Visionen und Zielen sowie Motivation der Mitarbeiter zur Verfolgung der Strategie
• Operation, Disposition, Strategie
  – Das operative Geschäft sind tägliche Entscheidungen, das dispositive Geschäft wirkt sich auf einen mittelfristigen Zeithorizont aus und strategische Entscheidungen legen die langfristige Ausrichtung fest.
• Positionierung zum Wettbewerb
  – Alleinstellungsmerkmale erarbeiten und/oder herausarbeiten
  Wettbewerbsvorteil, z. B. durch besondere Behandlungskonzepte
  Erarbeitung, welche Produkte/Dienstleistungen das Krankenhaus anbieten kann
  Spezialisierung
  – Erarbeitung der richtigen Balance zwischen ambulanten und stationären Eingriffen, Kannibalisierung (Verdrängung) stationärer Erlöse durch ambulante Eingriffe ausloten und adäquaten Mix-Level bestimmen
• Überleben des Unternehmens sichern
  – Dem Kostendruck clever begegnen, ohne Wettbewerbsvorteile zu gefährden
• Politische Vorgaben erfüllen
  – Mindestmengen und Strukturqualität

- Im Falle der finanziellen Abhängigkeit von Verwaltungsträgern: Finanzierungswürdigkeit neuer Projekte analysieren und Finanzierung erreichen
- Sektorübergreifende Versorgung analysieren und etablieren
  - Ambulante Versorgung
  - MVZ
  - Grund- und Regelversorgung
  - Maximalversorgung
  - Integrierte Versorgung → Zuweiserbindung
- Erfüllung der Transparenzforderung für Leistungs- und Qualitätsmerkmale
- Bestimmung von Kernkompetenzen
- Netzwerketablierung
- Etablierung von Qualitätsmanagementstrategien
- Erarbeitung und Etablierung von Marketingstrategien
  - National
  - International – Patiententourismus
  - Forschung als Marketingtool
  - Internes Marketing – Darstellung des Unternehmens gegenüber den Mitarbeitern
  - Externes Marketing – Darstellung des Unternehmens gegenüber der Außenwelt
- Koordinierung und Festlegung der strategischen Ausrichtung für das Personalmanagement
  - Schaffung attraktiver Arbeitsplätze für Mitarbeiter
  - Förderung und Motivation der Mitarbeiter
- Etablierung von betriebswirtschaftlichen und medizinischen Controlling-Mechanismen
  - Benchmarking, Kennzahlenanalyse, Rentabilitätsanalyse, Leistungsfähigkeitsanalyse, Portfolioanalyse, Potenzialanalyse
- Entwicklung von IT-Strategien
- Strategieentwicklung für
  - Logistik und Beschaffungsmanagement
  - Fehler, Beschwerde und Risikomanagement
  - Informationstechnologie (IT)
  - OP-Logistik
  - Pharmazeutische Logistik
  - Entsorgungsmanagement
  - Medizintechnik

Ganz offenkundig sind die Aufgaben der Geschäftsführung eines Krankenhauses sehr weit gefächert und greifen in alle Bereiche des Unternehmens ein. Die Verdienstmöglichkeiten für die Geschäftsführung sind im Durchschnitt geringer als für Chefärzte, andererseits ist die Geschäftsführung ein spannendes Feld, in dem sich gut selbst verwirklicht werden kann. Gemäß Kienbaum verdienen Krankenhaus-Geschäftsführer im Durchschnitt 182.000 EUR und ärztliche Direktoren 123.000 EUR. Zum Vergleich: Ein Geschäftsführer in einem Wirtschaftsunternehmen verdient im Durchschnitt 372.000 EUR [30].

Qualifikationen für eine Position als Geschäftsführer eines Krankenhauses umfassen ein abgeschlossenes wirtschaftswissenschaftliches, juristisches oder medizinisches Studium oder eine kaufmännische Ausbildung mit betriebswirtschaftlichem Abschluss sowie Berufserfahrung in einer Führungsposition im Klinikmanagement.

### 3.2.8  Medical Manager und verwandte Berufe

**Medical Manager** ist ein Berufsbild, das nicht mehr direkt im Umfeld des Krankenhauses angesiedelt ist, sondern in der Regel eine Position in einem Pharmaunternehmen darstellt. Die Aufgaben liegen in einer Schnittstellenfunktion zwischen Forschung und Entwicklung, Zulassung/Regulatory Affairs, Marketing und Vertrieb. Im Bereich der Forschung und Entwicklung fungiert der Medical Manager beratend und analytisch und erstellt aufgrund von Medikamenteneigenschaften entsprechende Aufklärungs- und Marketingmaterialien, unterstützt die Positionierung des Medikaments oder des Portfolios im Markt, erstellt oder unterstützt Marketingstrategien, berät in Bezug auf die Wettbewerbssituation, ist sowohl national als auch international orientiert, überwacht ethische und rechtliche Gesichtspunkte, schult Mitarbeiter und Kunden (Ärzte, Apotheker etc.), initiiert Studien und Anwendungsbeobachtungen und bewertet und publiziert wissenschaftliche Veröffentlichungen.

Ähnliche Aufgabenstellungen haben der **Medical Advisor, Medical Liaison Manager, Medical Science Manager** und der **Medical Affairs Manager.** Die Unterscheidung zwischen den verschiedenen Berufsbildern liegt häufig in der Ausprägung der Vertriebsorientierung.

An Qualifikationen wird ein abgeschlossenes naturwissenschaftliches Studium (Medizin, Pharmazie oder Chemie) vorausgesetzt. Eine Promotion wirkt sich nicht nur positiv auf das Gehalt aus, sondern unterstützt das persönliche Marketing, zeugt es doch vom sicheren Umgang mit den in der Wissenschaft bestehenden Anforderungen. Eine betriebswirtschaftliche Ausbildung und sehr gute Englischkenntnisse sollten ebenfalls vorhanden sein. Berufserfahrung im klinischen, pharmazeutischen oder Pharmaindustriebereich sind von großem Vorteil.

Meistens setzen die Stellenanbieter eine hohe Reisebereitschaft von mindestens 30 % voraus.

Der Gehaltsrahmen ist abhängig von verschiedenen internen und externen Faktoren, wie Berufserfahrung und Ausbildung, Abteilungs-/Firmengröße, Aufgabenspektrum etc. Die Spanne reicht von 50.000 bis 120.000 EUR, wobei der Durchschnitt bei 65.000 EUR liegt. Weitere Zusatzleistungen wie Dienstwagen auch zur privaten Nutzung, EDV-Ausrüstung, Boni, betriebliche Altersvorsorge sind durchaus häufig.

## Literatur

1. Hibbeler, B. (2011). Zwischen Samaritertum und Ökonomie: Was ist ein „guter Arzt"? Dtsch Arztebl. 108(S. 51–52): A-2758 / B-2302 / C-2270.
2. Ärzteblatt. (2007). Marburger Bund: „Jeder zweite Krankenhausarzt erwägt Berufswechsel". http://www.aerzteblatt.de/nachrichten/29852/Marburger-Bund-Jeder-zweite-Krankenhausarzt-erwaegt-Berufswechsel. Zugegriffen: 31. Juli 2014.
3. http://karrierebibel.de/am-besten-wirst-du-arzt-oder-berufliche-alternativen-fur-mediziner/. Zugegriffen: 31. Juli 2014.
4. http://www.sueddeutsche.de/karriere/aerzte-operation-traumberuf-beendet-1.553059. Zugegriffen: 31. Juli 2014.
5. Müller, C. (2014). http://karrierebibel.de/berufswechsel-countdown-in-10-schritten/. Zugegriffen: 31. Juli 2014.
6. Kienbaum-Vergütungsreports. (2013). „Ärzte, Führungskräfte und Spezialisten in Krankenhäusern". http://www.kienbaum.de/desktopdefault.aspx/tabid-16/149_read-171/. Zugegriffen: 09. Juli 2014.
7. www.gehalt.de. Zugegriffen: 11. Juli 2014.
8. http://hitec-consult.de. http://hitec-consult.de/de/gehaltsliste-und-benchmark-wer-verdient-was. Zugegriffen: 11. Juli 2014.
9. Deutsche Gesellschaft für Medizincontrolling e. V. http://www.medizincontroller.de/. Zugegriffen: 31. Juli 2014.
10. http://www.gesetze-im-internet.de/sgb_5/__135.html. Zugegriffen: 31. Juli 2014.
11. http://www.bmg.bund.de/krankenversicherung/stationaere-versorgung/qualitaetssicherung.html. Zugegriffen: 31. Juli 2014.
12. http://www.g-ba-qualitaetsberichte.de/. Zugegriffen: 31. Juli 2014.
13. https://www.thieme.de/viamedici/arzt-im-beruf-alternative-berufsfelder-1562/a/medizinisches-qualitaetsmanagement-4455.html. Zugegriffen: 31. Juli 2014.
14. Bundesärztekammer. (2007). Curriculum Ärztliches Qualitätsmanagement. (4. Aufl.,) http://www.bundesaerztekammer.de/downloads/CurrAerztlQM3.pdf. Zugegriffen:11. Juli 2014.
15. http://www.dgaeq.de/. Zugegriffen: 31. Juli 2014.
16. http://www.deutsche-gesellschaft-public-health.de/. Zugegriffen: 31. Juli 2014.

17. http://www.djv.de/startseite/info/beruf-betrieb/uebersicht-tarife-honorare.html. Zuge-
    griffen: 31. Juli 2014.
18. Friedrichsen, H. (2004). Spiegel online: Gehaltsreport: Was Journalisten verdienen.
    http://www.spiegel.de/unispiegel/jobundberuf/gehaltsreport-was-journalisten-verdie-
    nen-a-321531.html. Zugegriffen: 14. Juli 2014.
19. Luz, S., & Witte, F. (2005). Infopaket Medizinjournalismus. Georg Thieme Verlag.
    https://www.thieme.de/viamedici/arzt-im-beruf-alternative-berufsfelder-1562/a/info-
    paket-medizinjournalismus-4553.html. Zugegriffen: 31. Juli 2014.
20. http://www.vmwj.de. Zugegriffen: 31. Juli 2014.
21. http://www.bvmi.de/. Zugegriffen: 31. Juli 2014.
22. http://karriere-journal.monster.de/karriere-planung/berufe-im-uberblick/medizininfor-
    matiker-42373/article.aspx. Zugegriffen: 14. Juli 2014.
23. Dorns, S. (2002). Von Beruf Medizin-Informatiker: Elektronik für die Gesundheit.
    http://www.spiegel.de/unispiegel/jobundberuf/von-beruf-medizin-informatiker-elekt-
    ronik-fuer-die-gesundheit-a-209602.html. Zugegriffen: 14. Juli 2014.
24. www.thieme.de/viamedici/medizin/beruf/medizininformatik1.html. Zugegriffen: 31. Juli
    2014.
25. http://www.bundesaerztekammer.de/page.asp?his=0.2.6578.8260.8265.8432.8433.
    Zugegriffen: 31. Juli 2014.
26. http://www.dgtelemed.de/. Zugegriffen: 31. Juli 2014.
27. http://www.saarland.de/dokumente/thema_justiz/2126-3.pdf. Zugegriffen: 31. Juli
    2014.
28. Kösters, R., & Schliephorst, I. (2013). Rechtsformen und Krankenhausträger. In
    J. Debatin, A. Ekkernkamp, & B. Schulte (Hrsg.), *Krankenhausmanagement: Strate-
    gien Konzepte Methoden.* Berlin: Medizinisch Wissenschaftliche Verlagsgesellschaft.
29. Debatin, J., Ekkernkamp, A., & Schulte, B. (2013). *Krankenhausmanagement: Strate-
    gien Konzepte Methoden.* Berlin: Medizinisch Wissenschaftliche Verlagsgesellschaft.
30. Kienbaum-Vergütungsreports (2013) „Ärzte, Führungskräfte und Spezialisten in
    Krankenhäusern". http://www.kienbaum.de/desktopdefault.aspx/tabid-16/149_read-
    171/. Zugegriffen: 09. Juli 2014.

# Sinnvolle alternative Weiterbildung

Ein Arzt, insbesondere mit mehreren Jahren Berufserfahrung, hat bereits ein breites Spektrum an relevantem Wissen und Expertise erworben, das in den verschiedenen nicht kurativen Bereichen sinnvoll angewandt werden kann. Der Arzt hat gelernt, alle Problemstellungen systematisch nach den Kategorien **Anamnese, Diagnostik** und **Nosologie** (Krankheitslehre), **Beratung, Therapie** und **Prävention** anzugehen, was auch in ökonomischen Arbeitsfeldern die empfohlene und angemessene Herangehensweise ist.

Zum Beispiel wird in einem Wirtschaftsunternehmen ein Problem mittels der Analyse seiner Historie eingegrenzt *(Anamnese)*, verschiedene Fakten werden hinzugezogen *(Diagnostik)*, um Ursachen zu erkennen und einem Problembild *(Nosologie)* zuzuordnen. Aufgrund der Fachexpertise und wissenschaftlicher Erkenntnisse wird dann im Team und ggf. mit der Geschäftsführung besprochen, durch welche Herangehensweise das Problem behandelt werden kann. Der entsprechende Beschluss wird daraufhin umgesetzt *(Therapie)* und der Erfolg überwacht.

Damit dasselbe Problem an einer anderen Stelle nicht ebenfalls auftritt, werden Präventionspläne erstellt und vorsorglich andere Geschäftsbereiche so umstrukturiert, dass das Problem gar nicht erst entstehen kann *(Prävention)*.

Als Beispiel kann ein medizinisches Osteosynthese-Implantat dienen, das neu auf den Markt gekommen ist. Auch wenn das Implantat vor der Markteinführung biomechanisch und klinisch ausreichend getestet worden ist, kann es vorkommen, dass nach der Einführung aus dem Markt bestimmte Probleme gemeldet werden, wie etwa intraoperativ auftretende Lockerungserscheinungen. Nun muss überprüft werden, ob es sich dabei um einen Implantatfehler oder einen Anwendungsfehler handelt *(Anamnese)*. Je nachdem, was als ursächlich herausgefunden wurde, muss eine Strategie zur Behebung der Problemursache erarbeitet werden. Diese Strategie wird in der Regel in einem Team entwickelt, das aus Ingenieuren, Produktmanagern,

© Springer Fachmedien Wiesbaden 2016
C. Renner, *Der Arzt in der Wirtschaft*,
DOI 10.1007/978-3-658-07059-5_4

Marketingmanagern, Vertriebszuständigen, Anwendern (Ärzten) etc. bestehen kann *(Beratung)*. Zum Beispiel könnte im Falle gehäufter Anwenderfehler als Ursache eine groß angelegte Anwenderschulung beschlossen werden. Diese muss dann umgesetzt werden. Mitarbeiter müssen geschult werden, die die Anwender trainieren, Termine vereinbart werden etc. *(Therapie)*. Auch eine Überwachung, ob die Maßnahmen greifen, muss erfolgen. Dies ähnelt der Überwachung eines Krankheitsverlaufs, indem proaktiv die Fakten aus dem Markt abgefragt werden. Letztendlich wird zeitgleich auch überprüft, ob ein ähnliches Risiko für andere Implantate besteht, und Anwender solcher Implantate werden vorsorglich ebenfalls geschult *(Prävention)*.

Dieses Beispiel lässt sich selbstverständlich auf andere Situationen in den verschiedensten Bereichen anwenden. Natürlich haben nicht nur Ärzte gelernt, in diesem Schema zu denken, aber es gehört bei ihnen insbesondere im kurativen Bereich zur elementaren Vorgehensweise.

In der Ausbildung und im Berufsleben kommen Ärzte zudem mit den verschiedensten Fachdisziplinen in Berührung, die auch in alternativen Berufsfeldern wichtig sein können. Die folgende Liste soll vor Augen führen, in welchen Bereichen Ärzte Kenntnisse besitzen und für welche Berufsarten dies relevant sein kann:

| | |
|---|---|
| Chemie und Biochemie | Pharmafirmen, Forschung |
| Mathematik und Statistik | Pharmafirmen, Forschung, IT, Ökonomie, Versicherungen, Beratung |
| Biologie, Infektiologie | Pharmafirmen, Forschung |
| Anatomie, Pathologie | Pharmafirmen, Medizintechnik, Forschung, Vertrieb |
| Pharmakologie, Toxikologie | Pharmafirmen, Forschung |
| Radiologie | Medizintechnik |
| Genetik | Pharmafirmen, Forschung |
| Rechtsmedizin und Recht | Beratung, Management |
| Datenverarbeitung, IT | Medizininformatik |
| Dokumentation | Beratung, Controlling |
| Kommunikation | Beratung, Vertrieb, Medizinjournalismus |
| Gesundheitswesen | Public Health, Health Care Management |

Auch wenn es als Arzt nicht immer notwendig ist, im Vorfeld bereits eine Zusatzausbildung zu absolvieren, da viele Arbeitgeber über ein umfassendes Einarbeitungskonzept verfügen, erhöht eine zusätzliche Qualifikation die

Chancen, den Wunscharbeitsplatz zu bekommen, deutlich und hilft auch bei den Gehaltsverhandlungen.

Bereiche, in denen auch ohne eine Zusatzausbildung gute Chancen bestehen, sind Versicherungen, Pharma- und Medizintechnikunternehmen. Jedoch ist gerade bei spezialisierten Berufen, wie Medizincontrolling, Medizininformatik, Qualitätsmanagement, Krankenhausmanagement in Ökonomie oder Management eine Zusatzausbildung entweder vorgeschrieben oder dringend zu empfehlen.

Selbstverständlich können Anbieter von Zusatzausbildungen im Internet gefunden werden. Der folgende Abschnitt soll bei der Vorauswahl helfen und wichtige Kriterien der Auswahl sowie Entscheidungshilfen im sehr sorgfältig zu gestaltenden Entscheidungsprozess vermitteln. Eine Weiterbildung ist immer eine Investition in Zeit und Geld und sollte daher im Vorfeld genau geprüft werden.

Auch sollte sich darüber Gedanken gemacht werden, ob ein Bachelor- oder Masterstudiengang zu absolvieren sein wird. Die Unterschiede werden im Folgenden aufgeführt.

## 4.1   Bachelor und Master – Was sind die Unterschiede?

Zur Harmonisierung der europaweiten Studienabschlüsse wurden das Bachelor- und das Masterstudium im sogenannten Bologna-Prozess definiert [1].

**Bachelor** stammt vom lateinischen Baccalaureus und bezeichnete im Mittelalter den untersten akademischen Grad. Die Regelstudienzeit beträgt zwischen drei und vier Jahren [2]. Er liegt damit unter dem Master, welcher unter dem Doktor liegt. Mit dem Bachelor wird der erste berufsqualifizierende Hochschulabschluss erworben, er ist ein Qualifikationsnachweis für ein Masterstudium. Der Bachelorstudiengang soll einen größeren Praxisbezug als ein normales Studium aufweisen. Die Bachelors werden in Deutschland nach folgenden Abschlussbezeichnungen unterteilt: [3] Arts (B.A.), Science (B.Sc.), Engineering (B.Eng.), Laws (LL.B.), Education (B.Ed.), Fine Arts (B.F.A.), Music (B.Mus.) und Musical Arts (B.M.A.). Naturwissenschaftliche Fächer, also Fächer, die in den Bereich Medizin fallen, haben in der Regel den Bachelor of Science (B.Sc.). Die Abschlussbezeichnung kann auch auf Deutsch verliehen werden, also z. B. Bakkalaureus der Wissenschaften.

Ein **Master** dauert mindestens ein Jahr und höchstens zwei Jahre (2 bis 4 Semester) [2] und gilt als ein weiterführendes Hochschulstudium. Es kann zur wissenschaftlichen Vertiefung konzipiert sein oder neue Wissensgebiete erschließen. Meist ist es erforderlich, neben dem Besuch der Lehrveranstaltungen eine Abschlussarbeit zu schreiben. Analog zum Bachelor gibt es Master in den Fachrichtungen Arts (M.A.), Education (M.E.) Engineering (M.Eng.) Fine Arts (M.F.A.) Law (LL.M.), Music (M.Mus.) und Science (M.Sc.). In der Regel wird der Master als konsekutiver, also nachfolgender Studiengang zum Bachelor aufgebaut. In diesem Fall darf die Gesamtstudienzeit für Bachelor und Master fünf Jahre nicht überschreiten [2]. Den Hochschulen ist es erlaubt, einen deutschen Titel zu verleihen (z. B. Magister der Wissenschaften), jedoch ist eine Mischung aus Deutsch und Englisch nicht gestattet. Voraussetzung für ein Masterstudium ist ein berufsqualifizierender Hochschulabschluss, welchen Ärzte durch ihr mit Approbation abgeschlossenes Medizinstudium auch ohne Bachelor erworben haben.

Ein Masterstudiengang eröffnet wie die Approbation den Zugang zur Promotion.

**Wichtig:** Besondere Masterstudiengänge wie der Master of Business Administration (MBA), Counseling (MC), Library Science (MLS), Public Administration (MPA), Public Policy (MPP) sind im Bereich der Weiterbildung angesiedelt; sie fallen nicht in die klassischen geregelten Masterstudiengänge und sind daher nicht gesetzlich geschützt. Daher ist bei diesen Studiengängen im Vorfeld zu prüfen, ob die Hochschule die Ermächtigung hat, diesen Titel so zu verleihen, dass er auch in Deutschland geführt werden darf. Siehe dazu Abschn. 4.10.

Zusammenfassend ist als Arzt im Vorfeld zu prüfen, ob nicht ein Masterstudiengang sinnvoller wäre als ein Bachelor.

## 4.2    Medizincontrolling: Anbieter von Weiterbildung

Für den Bereich **Medizincontrolling** gibt es verschiedene Anbieter von Weiterbildung.

### 4.2.1  Deutsche Gesellschaft für Medizincontrolling (DGfM)

Die Deutsche Gesellschaft für Medizincontrolling e. V. ist eine Interessengemeinschaft im Medizincontrolling tätiger Ärzte, Pflegekräfte, Codierer, MD(A)s, Juristen und Betriebswirte [6]. Sie ist die wissenschaftliche Vertretung der Medizincontroller in Deutschland. Auf ihrer Webseite finden sich verschiedene Informationen zur Weiterbildung zum Medizincontrolling. Auch sind ein Stellenmarkt und weiterführende Information wie z. B. die FoKA-Wiki (Fachausschuss für ordnungsgemäße Codierung und Abrechnung) auf der Homepage zu finden.

In Kooperation mit der Universität Heidelberg bietet die DGfM zertifizierte Intensivseminare Medizincontrolling an. Das Curriculum umfasst u. a.:

- Was ist Medizincontrolling?
- Grundlagen des G-DRG-Systems
- Einführung in das Medizin- und Sozialrecht
- Ärztliches Erlös- und MDK-Management
- Aufbau, Datenbasis und Systementwicklung des G-DRG-Systems
- Prozessoptimierung/Integrierte Behandlungspfade
- Finanzcontrolling
- Entgeltverhandlungen
- Change Management
- DRG-Berichtswesen
- Medizinische Dokumentation
- Kostenträgerrechnung

Des Weiteren werden Seminare zu DRG-Reporting, PEPP (pauschaliertes Entgeltsystem in der Psychiatrie und Psychosomatik), Leitung von Codierabteilungen, MDK- und Erlösmanagement angeboten.

Das Ausbildungsteam setzt sich aus den Bereichen Medizin, Recht und Betriebswirtschaft zusammen.

## 4.2.2  Mibeg-Institut Medizin

Das Mibeg-Institut Medizin [4] ist als freies und unabhängiges Institut in Köln besonders auf die nachuniversitäre Qualifizierung von Medizinern, Ökonomen und Juristen spezialisiert. Die Mibeg-Institute bieten öffentlich geförderte und berufsbegleitende Weiterbildungen, Seminare, Symposien und Kongresse an.

Zum Beispiel wird ein Seminar Medical-Controlling [5] in Köln angeboten. Das Seminar umfasst derzeit laut Informationen des Instituts acht Seminareinheiten, die über einen Zeitraum von einem Jahr verteilt sind. Am Ende wird das Zertifikat „Medical-Controller/in" erlangt, von der Ärztekammer Nordrhein, der Uniklinik Köln und dem Mibeg-Instituts Medizin. Das Seminar ist interdisziplinär für die Bereiche Medizin, Pflege und Verwaltung.

Im Seminar wird praxisbezogene Projektarbeit trainiert und von einem Projektbeirat begleitet, dessen Mitglieder aus den Bereichen Medizin, Betriebswirtschaft, Ärztekammer und dem Institut selber kommen. Schwerpunkte des Seminars sind laut den öffentlich zugänglichen Informationen:

- Rechtliche und strukturelle Grundlagen der Tätigkeit als Medizin-Controller
- Aktuelle      Entwicklungen     im      deutschen     DRG-System     und
  Krankenhaus-Budgetermittlung
- Betriebswirtschaftliche Grundlagen des Medizin-Controllings
- Schwerpunktaufgaben des Medizin-Controllings
- Anforderungen an künftige Organisations- und Leistungsstrukturen von
  Krankenhäusern
- Kommunikation und Projektmanagement als Schlüssel für ein erfolgreiches
  Medizin-Controlling, Workshop
- Qualitäts- und Prozessmanagement im Krankenhaus
- Managementfunktionen    des    Medizin-Controllings,    betriebswirtschaftliche
  Zusatzausbildung, Kenntnisse des Medizin- und Arbeitsrechts sowie EDV-Kenntnisse

### 4.2.3   Privatinstitut für Klinikmanagement

Das Privatinstitut für Klinikmanagement in Köln [7] bietet diverse Schulungen
und Seminare für den Bereich DRG und das neu geschaffene PEPP
(pauschaliertes Entgeltsystem in der Psychiatrie und Psychosomatik) an. Unter
den Ausbildern finden sich Experten aus den Bereichen Medizin, Controlling,
Jura, Informatik, Soziologie, Codierung sowie aus dem Umfeld des InEK (Institut
für das Entgeltsystem im Krankenhaus). Seminare umfassen unter anderem:

- DRG-System
- PEPP-System
- IHK-Weiterbildungen zur medizinischen Codierfachkraft und Medizincontroller
- Aufbaukurse Medizincontrolling
- Infektionsmanagement und Codierung

### 4.2.4   HC&S AG Healthcare Consulting & Services

Das Unternehmen hat seinen Sitz in Münster und ist eine Beratungsgesellschaft
für das Gesundheitswesen. Es betreibt eine eigene Healthcare-Akademie [8]. Das
Team besteht aus Fachärzten und Betriebswirten. Relevante Seminare beinhalten
u. a.:

- Codierung in bestimmten Fachbereichen und fachübergreifend
- Gesundheitsökonomie
- Krankenhausfinanzierung
- Controlling
- Krankenhausmanagement
- Projektmanagement
- Qualitätsmanagement
- Betriebswirtschaft

Auch werden Weiterbildungskurse zur zertifizierten medizinischen Codierfachkraft angeboten [8]. Diese werden als 6-tägiger Kompaktkurs oder als modulare Weiterbildung offeriert. Mögliche Kursorte sind derzeit Münster, Berlin, München, Wiesbaden und Köln. Der Lehrplan umfasst derzeit:

- Grundlagen der Betriebswirtschaft im Krankenhaus
- Grundlagen des DRG-Systems und der Codierung
- Aufbauseminar Codierung
- Umgang mit Kostenträger- und MDK-Anfragen
- Zusatzentgelte und NUBs im DRG-System
- Spezialseminar Codierung Intensivmedizin/Anästhesie
- Spezialseminar Codierung in der Gynäkologie und Geburtshilfe
- Spezialseminar Codierung in der Inneren Medizin und Geriatrie
- Abbildung pflegerischer Leistungen im DRG-System 2010 (z. B. PKMS)
- Fallpauschalen in der Psychiatrie – Vorbereitung auf die Einführung des pauschalierenden Entgeltsystems
- DRG-System 2012 – Das Update!
- Spezialseminar Codierung in der Chirurgie
- Abrechnung ambulanter Leistungen im Krankenhaus
- Abrechnung nach GOÄ – mit lückenloser Dokumentation zum optimalen Ergebnis
- Neue Codierrichtlinien für den ambulanten Bereich nach § 295 SGB V
- MDK-Prüfungen in deutschen Krankenhäusern – Professionelle Strategien gegen unkalkulierbare Erlöseinbußen
- Medizinische Fachsprache für Nichtmediziner
- Selbst- und Zeitmanagement für Fach- und Führungskräfte
- Kommunikationstraining für Codierfachkräfte
- Grundlagen der Budget-/Pflegesatzverhandlungen für Einsteiger

## 4.2.5 Dr. Kieselbach Consulting

Dr. Kieselbach Consulting sitzt in Freiburg und bietet neben Dienstleistungen im Bereich Medizincontrolling auch Seminare an. Das Team besteht aus Medizincontrollern, Medizinern, Codierfachkräften, Ökonomen, Pflegewissenschaftlern, Informatikern, Rechtsanwälten und Gutachtern für Sozialgerichtsverfahren. Die Seminare werden unter anderem auch online angeboten [9] und scheinen vorwiegend geeignet zu sein, sich Grundlagenkenntnisse zu verschaffen. Dennoch lohnt ein Besuch der Webseite, um Informationen über aktuelle Seminare zu erhalten.

## 4.2.6 Medical School Berlin (MSB)

Die Medical School Berlin (MSB) ist eine private, staatlich anerkannte Hochschule für Gesundheit und Medizin mit Sitz in Berlin. Sie ist Teil eines Hochschulverbundes mit der BSP Business School Berlin Potsdam und der MSH Medical School Hamburg.

Es wird ein Bachelorstudiengang Medizincontrolling angeboten [10]. Zugangsvoraussetzung ist eine Hochschulreife. Das Studium dauert in Vollzeit 6 Semester oder Teilzeit 9 Semester. Abschluss ist der Bachelor of Science. Das Curriculum umfasst:

- Grundlagen der Volkswirtschaftslehre
- Grundlagen der Betriebswirtschaftslehre
- Grundlagen der Planung und Kontrolle
- Grundlagen der Organisation
- Grundlagen von Personal und Führung
- Ethik in Gesundheit und Medizin
- Interdisziplinarität und Teamarbeit in der Gesundheitsversorgung
- Medizin
- Gesundheitsökonomie
- Operatives Medizincontrolling
- QM-Systeme, Verfahren und Zertifizierung im Gesundheitswesen
- Neue Methoden der Qualitätssicherung im Gesundheitswesen
- Geschäftsprozessmanagement in ambulanten und stationären Einrichtungen
- Projektstudium

- Wissenschaftliches Arbeiten
- Mathematik und Statistik
- Einführung medizinische Informatik
- Bachelorarbeit mit Kolloquium

### 4.2.7 Medical School Hamburg (MSH)

Die Medical School Hamburg (MSH) ist eine private, staatlich anerkannte Hochschule in der Freien und Hansestadt Hamburg. Sie ist Teil eines Hochschulverbundes mit der BSP Business School Berlin Potsdam und der MSH.

Die MSH bietet verschiedene Bachelor- und Masterstudiengänge an. Sie wurde von der Akkreditierungsagentur im Bereich Gesundheit und Soziales (AHPGS) akkreditiert.

Unter anderem bietet sie einen Bachelorstudiengang für Medical Controlling und Management [11]. Der Studiengang dauert in Vollzeit 6 Semester und in Teilzeit 9 Semester. Das Curriculum beinhaltet:

- Wirtschaftswissenschaftliche Grundlagen
  - Grundlagen der Volkswirtschaftslehre
  - Grundlagen der Betriebswirtschaftslehre
- Grundlagen des Managements
  - Grundlagen der Planung und Kontrolle
  - Grundlagen der Organisation
  - Grundlagen von Personal und Führung
  - Ethik in Gesundheit und Medizin
  - Interdisziplinäre Teamarbeit in der Gesundheitsversorgung
  - Medizin
  - Gesundheitsökonomie
- Operatives Medizincontrolling
  - Operatives Medizincontrolling
  - Qualitäts- und Prozessmanagement
  - QM-Systeme, Verfahren und Zertifizierung im Gesundheitswesen
  - Neue Methoden der Qualitätssicherung im Gesundheitswesen
  - Geschäftsprozessmanagement in ambulanten und stationären Einrichtungen
  - Projektstudium
  - Wissenschaftliches Arbeiten

- Mathematik und Statistik
- Einführung medizinische Informatik
- Bachelor-Thesis und Kolloquium

## 4.2.8   Ernst-Abbe-Hochschule Jena

Die Fachhochschule hat sich auf Ingenieurswissenschaften, Betriebswirtschaft und Sozialwissenschaft spezialisiert und bietet verschiedene Bachelor- und Masterstudiengänge an: unter anderem einen Fernstudiengang Health Care Management Master of Business Administration (MBA) [12]. Dieser Studiengang findet in Kooperation mit der Jenaer Akademie Lebenslanges Lernen e. V. (JenAll) [13] statt. In das Curriculum ist auch das Medizincontrolling integriert. Die Dauer des Fernstudiengangs beträgt 4 Semester und 3 Monate. Das Curriculum beinhaltet:

- Betriebswirtschaftliches Allgemeinwissen
  - Steuern und Verträge
  - Personalwirtschaft
    Arbeitsrecht für Führungskräfte
    Personalentwicklung und
    Betriebliches Gesundheitsmanagement
  - Unternehmenssteuerung
    Controlling
    Unternehmensführung
    Investitionsrechnung
  - Softskills und Organisationsmanagement
    Qualitätsmanagement
    Projektmanagement
- Gesundheitsökonomisches Allgemeinwissen
  - Gesundheitsökonomie
  - Medizinrecht
    Ärztliches Berufsrecht
    Arztstrafrecht
    Arzthaftungsrecht
  - Ethik
  - Evidence Based Medicine
  - Sozialrecht
  - Gesundheitsevaluation

- Gesundheitsmanagement und Krankenhausmanagement
  - Krankenhausfinanzierung
  - Unternehmensplanung
  - Operative Steuerung
  - Führungs- und Steuerungsinstrumente

Der Studiengang ist von der AQAS akkreditiert.


## 4.2.9  Handelshochschule Leipzig (HHL) – Leipzig Graduate School of Management

Die Handelshochschule Leipzig (HHL) ist eine private Business School. Sie bietet einen Part-time-MBA mit speziellem Fokus auf Hospital Management & Health Service an [14]. Dieser ist von der AACSB und ACQUIN akkreditiert und hat beim Financial Times Executive MBA Ranking 2013 Platz 2 belegt.

Neben General-Management-Modulen sind spezialisierte Health-Care-Module integriert. Das Curriculum sieht ein einwöchiges Auslandsseminar vor. Weitere Inhalte sind:

- General Management
  - Accounting for Business
  - International Business
  - Corporate & Business Finance
  - Economics & Regulations
  - Soft Skills
  - Managing Customer Relationships & Supply Chains
  - Strategy & Leadership
  - Entrepreneurial Management
- Hospital Management & Health Services
  - Health Care in Germany: Institutions & Regulations
  - Mergers & Acquisitions in Health Care
  - Process Management & Medical Controlling in Hospitals
  - Innovation & Communication
  - Leadership & Human Resource Management in Hospitals
  - Quality & Risk Management/Business Ethics
  - International Health Care Systems (Auslandsseminar)
- Master Thesis

Die Kursmodule werden in Leipzig und Köln abgehalten.

## 4.2.10  Graduate School Rhein-Neckar

Die Graduate School Rhein-Neckar ist eine gemeinsame Einrichtung der Dualen Hochschule Baden-Württemberg Mannheim, der Hochschule Mannheim und der Hochschule Ludwigshafen.

Hier wird das berufsbegleitende Zertifikat zum Gesundheitscontroller angeboten [15]. Das Zertifikat ist in drei Module aufgeteilt. Das Curriculum beinhaltet:

- Grundlagen betrieblicher Controllingkonzepte
- Einführung ins Healthcare Controlling
  - Controlling als Steuerungsansatz von Organisationen und Gesundheitsbetrieben
  - Abgrenzung einzelner Teilbereiche der betrieblichen Unternehmungsrechnung (internes, externes Rechnungswesen/Investitions- und Finanzierungsrechnung)
  - Konzeption einer Kosten- und Leistungsrechnung (KLR)
  - Einführung in die Plankostenrechnung, Kostenkontrolle und Kostenmanagement
  - Darstellung der besonderen Anforderungen an die KLR unterschiedlicher Gesundheitsbetriebe
  - Erarbeitung und Präsentation eines eigenen beispielhaften KLR-Konzepts für einen Gesundheitsbetrieb
- Operative Controllinginstrumente und -methodik
- Einsatz operativer Controllinginstrumente zur Steuerung eines Gesundheitsbetriebs
  - Controlling als Steuerungsansatz von Organisationen und Gesundheitsbetrieben
  - Grundlegende Darstellung und Aufbau unterschiedlicher Controllingmethodiken
  - Vorstellung der einzelnen Controllinginstrumente sowie ihres Einsatzes in der Unternehmungspraxis (u. a. Kennzahlen sowie Kennzahlensysteme, verschiedene Ansätze der Budgetierung, Berichtswesen)
  - Darstellung und Erarbeitung der Besonderheiten des operativen Controllings in verschiedenen Sektoren der Gesundheitswirtschaft
  - Aufbau eines Konzepts zum trans- und intersektoralen Controlling in der Gesundheitswirtschaft, ausgehend von sich neu entwickelnden Versorgungs- und Trägerstrukturen
- Strategisches Controlling im Gesundheitsbetrieb
  - Controlling als Steuerungsansatz von Organisationen und Gesundheitsbetrieben
  - Vorstellung der wichtigsten Methoden des strategischen Controllings, insbesondere Balanced Scorecard, Betriebsvergleiche und Benchmarking

- Zusammenspiel zwischen strategischem Management, Wissensmanagement und strategischem Controlling
- Vom strategischen Controlling zur Organisationsentwicklung („Lernende Organisation")
- Vom reaktiven Restrukturierungsmanagement zum pro-aktiven Innovationsmanagement
- Erarbeitung und Stärkung der Projektmanagement-Fähigkeiten der Teilnehmer und der dazu notwendigen Soft Skills (z. B. Führung in Projekten, Präsentationstechniken)

Des Weiteren bietet die Graduate School Rhein-Neckar einen Studiengang Master of Business Administration (MBA) für Gesundheitsmanagement und -controlling an [16], der von der FIBAA akkreditiert ist. Der Studiengang vermittelt neben Wissen im Bereich Controlling auch Inhalte des General Management, IT- und Wissensmanagement, Soft Skills sowie Personal- und Führungswesen. Das Studium dauert zwei Jahre berufsbegleitend. Das Curriculum ist wie folgt aufgebaut:

- Grundlagenwissen Betriebswirtschaftslehre und Medizin für Gesundheitsmanager
- Controllingkonzepte und Healthcare Controlling
- Operatives Controlling
- Strategisches Controlling
- Einführung in die Unternehmensführung
- Marktorientierte Unternehmensführung
- Strategische Führung und Positionierung von Betrieben
- Einführung in die Informationstechnologie und IT-gestützte Betriebswirtschaftslehre
- Customer Relationship Management in der Gesundheitswirtschaft
- Business Intelligence

## 4.3   Ärztliches Qualitätsmanagement: Anbieter von Weiterbildung

Weiterbildungsinhalte sind im Curriculum der Bundesärztekammer [17] festgelegt und beinhalten ethische Grundlagen, rechtliche Aspekte, Organisationstheorie, Management und Führung, Konzepte der Patientenautonomie, Methoden des Qualitätsmanagements und Qualitätssicherung im Gesundheitswesen, Anwendung gesundheitsökonomischer Konzepte einschließlich Abschätzung von

Kosten-Nutzen-Relationen, Darlegung und Anwendung von Qualitätsmanagementmodellen, Grundlagen der Evidence-based Medicine (EbM), Theorie von Qualitätsmodellen, Qualitätsmessung, Moderation von Qualitätsprozessen, Prozessmanagement, Risikomanagement sowie Implementierung und Überprüfung der Einhaltung medizinischer Leitlinien.

Zahlreiche Institute und Institutionen bieten Weiter- und Fortbildungsmöglichkeiten an. In der Regel empfiehlt sich jedoch ein Anbieter, der von einer Landesärztekammer beauftragt wurde.

Es wird daher eine an den persönlichen Bedürfnissen ausgerichtete Internetrecherche nach passenden Anbietern empfohlen.

## 4.4    Public-Health-Anbieter von Weiterbildung

**Public Health** ist ein Masterstudiengang für eine eigenständige interdisziplinäre empirische Wissenschaft, die sich mit der Bevölkerungsgesundheit befasst. Kernpunkte sind Bedingungen und Ursachen für Gesundheit und Krankheit, Wechselwirkungen von Bevölkerung und Umwelt, Gesundheitsförderung, Krankheitsbewältigung, politische und praktische Einflussfaktoren auf das und von dem Gesundheitssystem. Konkrete Inhalte sind Biometrie, Epidemiologie, Prävention und Gesundheitsförderung, Gesundheitssystemforschung, Gesundheitsökonomie, Sozialwissenschaften, Verhaltenswissenschaften, Medizininformatik, Biostatistik und gewisse juristische Aspekte klinischer Studien.

Es sollen methodische und fachliche Grundlagen für die Bedarfsanalyse, Interventionsstrategie, Umsetzung und Evaluierung von Maßnahmen, die die Gesundheit der Bevölkerung verbessern, vermittelt werden. Je nach Studiengang liegt der Schwerpunkt mehr auf nationalen oder internationalen Aspekten, Forschung oder Praxis, generalistischem oder fachspezifischem Ansatz.

Es gibt natürlich auch entsprechende Bachelorstudiengänge, aber wie bereits im Abschn. 4.1 angeführt, besitzt ein Arzt bereits die Zulassungsvoraussetzung für einen Masterstudiengang und sollte diesen vorzugsweise erwägen. Dennoch werden im Folgenden einige Optionen dargestellt.

Angeboten wird der ACQUIN-akkreditierte Bachelor (B.A.) Public Health an der Universität Bremen [18], der ASIIN-akkreditierte B.Sc. Gesundheitswissenschaften an der Hochschule für angewandte Wissenschaften Hamburg [19] und der ACQUIN-akkreditierte B.Sc. Angewandte Gesundheitswissenschaften an der Hochschule Furtwangen [20].

Bachelorstudiengänge mit der Bezeichnung „Gesundheitsförderung" als Praxis von Public Health können an der Hochschule Fulda [21], Hochschule

Magdeburg-Stendal [22], Pädagogischen Hochschule Heidelberg [23], Pädagogischen Hochschule Schwäbisch Gmünd [24] und als Pflege und Gesundheitsförderung an der Evangelischen Hochschule Darmstadt [25] belegt werden. Alle diese Studiengänge sind akkreditiert, nähere Informationen über die Akkreditierung sind auf der Homepage des Akkreditierungsrates [26] zu finden.

Akkreditierte Masterstudiengänge werden bei den folgenden Hochschulen angeboten [27]:

- M.Sc. Public Health an der Universität Bielefeld [28]
- M.Sc. Public Health an der Hochschule Fulda [29]
- M.A. Public Health – Prävention und Gesundheitsförderung an der Universität Bremen [30]
- M.A. Public Health – Gesundheitsversorgung, -ökonomie und -management an der Universität Bremen [31]
- MPH Public Health an der Ludwig-Maximilians-Universität (LMU) München [32]
- M.Sc. Public Health Nutrition an der Hochschule Fulda [33]
- M.Sc. Bevölkerungsmedizin und Gesundheitswesen (Public Health) an der Medizinischen Hochschule Hannover [34]
- M.Sc. Public Health an der Heinrich-Heine-Universität Düsseldorf [35]
- MPH Public Health an der Hochschule für Angewandte Wissenschaften Hamburg [36]
- M.Sc. Public Health an der Jade Hochschule Wilhelmshaven/Oldenburg/ Elsfleth [37]
- MPH Public Health der Berlin School of Public Health [38]
- MPH Prävention und Gesundheitsförderung an der Leuphana Universität Lüneburg [39]

Die Deutsche Gesellschaft für Public Health e. V. (DGPH) betreibt eine sehr informative Webseite zu diesem Thema, auf der alle relevanten Informationen abgerufen werden können [40].

## 4.5    Medizinjournalismus: Anbieter von Weiterbildung

Anders als in anderen medizinischen Berufen gibt es für den Medizinjournalisten keine allgemeingültige Ausbildung. In der Regel führt der Weg in den Medizinjournalismus über ein Volontariat. Nach Angaben des Arbeitsamtes haben nur 5 % aller Journalisten eine entsprechende Schule besucht. Die überwiegende Mehrheit sind Autodidakten. Für Ärzte speziell bestehen die Möglichkeiten, diesen Karriereweg über ein Volontariat, einen Aufbaustudiengang Journalismus, eine Journalistenschule oder ein Selbststudium einzuschlagen. Insgesamt sind jedoch sowohl in einer Journalistenschule als auch bei einem Volontariat Plätze nur in geringer Zahl vorhanden. Vorerfahrungen sind daher vorteilhaft.

Ohne Anspruch auf Vollständigkeit werden nachfolgend Journalistenschulen genannt:

- Deutsche Journalistenschule (DJS) e. V., München [41]
- Henri-Nannen-Journalistenschule, Hamburg [42]
- Journalistenschule Axel Springer, Berlin [43]
- Burda-Journalistenschule, München [44]
- Berliner Journalistenschule [45]
- Evangelische Medienakademie Berlin [46]
- Institut zur Förderung publizistischen Nachwuchses e. V., München [47]
- Georg von Holtzbrinck-Schule für Wirtschaftsjournalisten, Düsseldorf [48]
- Kölner Journalistenschule für Politik und Wirtschaft [49]
- Bayerische Akademie für Fernsehen, Unterföhring [50]
- Mibeg-Institut Medizin, Köln [51]
- WBS-Trainings-AG, Stuttgart [52]

Studiengänge werden an den folgenden Hochschulen angeboten:

- Bachelor Publizistik- und Kommunikationswissenschaft, Master Medien und politische Kommunikation: Institut für Publizistik- und Kommunikationswissenschaft, Freie Universität Berlin [53]
- Bachelor Wissenschaftsjournalismus, Bachelor und Master Journalistik: Technische Universität Dortmund [54, 55]
- Masterstudiengang Journalismus: Johannes-Gutenberg-Universität Mainz [56]
- Bachelor und Master Kommunikationswissenschaft: Universität Hohenheim [57]
- Bachelor und Master Medienwissenschaft: Universität Tübingen [58]
- Bachelor und Master Kommunikationswissenschaft: Universität Bamberg [59]
- Bachelor Medienkommunikation & Journalismus: Fachhochschule des Mittelstands (FHM), Bielefeld, Hannover, Köln, Bamberg [60]
- Bachelor und Master Journalistik: Katholische Universität Eichstätt-Ingolstadt [61, 62]

- Bachelor Journalismus und Public Relations: Westfälische Hochschule Gelsenkirchen [63]
- Bachelor Journalistik und Master Fernsehjournalismus: Hochschule Hannover [64]
- Master Journalistik und Kommunikationswissenschaft: Universität Hamburg [65]
- Master Journalistik: Universität Leipzig [66]
- Master Journalismus: Ludwig-Maximilian-Universität München [67]

▶   Ein Medizinstudent kann auch an der Universität, an der er eingeschrieben ist, prüfen, ob Journalismus, Publizistik, Medien- oder Kommunikationswissenschaft als Nebenfächer angeboten werden.

▶   Die Homepage des Deutschen Journalisten-Verbands [68] hält aktuelle Informationen zu Studiengängen, Journalistenschulen und zur Ausbildung allgemein bereit. Auch gibt es zu diesem Thema ein Infopaket des Thieme Verlags [69].

## 4.6   Medizininformatik: Anbieter von Weiterbildung

Wichtige Voraussetzung für die Medizininformatik ist neben der medizinischen Fachkenntnis der sichere Umgang mit Mathematik und Computertechnologie. Die Deutsche Gesellschaft für Medizinische Informatik, Biometrie und Epidemiologie e. V. [70] informiert in Zusammenarbeit mit dem Berufsverband Medizinischer Informatiker (BVMI) auf ihrer Webseite aktuell und ausführlich über Ausbildungsstätten. Als Medizinstudent kann geprüft werden, ob an der eingeschriebenen Universität die Möglichkeit besteht, Medizininformatik als Nebenfach zu belegen.

Für die ärztliche Zusatzbezeichnung „Medizinische Informatik" ist entsprechend der Weiterbildungsordnung der Nachweis einer zweijährigen klinischen Tätigkeit sowie einer 18-monatigen Ausbildung an einem Institut für Medizinische Informatik erforderlich [71]. Letztere wird von verschiedenen Universitäten und privaten Instituten angeboten – teilweise als Hauptfach in einem Bachelor- und Masterstudiengang, teilweise auch nur als Nebenfach im Bereich der Informatik. Mehr und mehr Universitäten bieten dieses Fach an. Daher empfiehlt sich eine Internetrecherche an dem gewünschten Studienort.

## 4.7    Telemedizin: Anbieter von Weiterbildung

Die Telemedizin ist ein Teilbereich der Telematik im Gesundheitswesen und bezeichnet Diagnostik und Therapie unter Überbrückung einer räumlichen und/ oder zeitlichen Distanz zwischen Behandler und Patient oder auch zwischen den Behandlern untereinander mittels Telekommunikation. Der Stellenwert der Telemedizin gerade im Hinblick auf zukünftige Entwicklungen ist unbestritten, denn, wie das Ärzteblatt schreibt, ist sie in nahezu allen Fachbereichen vertreten [72]. Es wird diskutiert, wie die Ausbildung hierzu in einer Weiterbildungsreform integriert werden soll, auch wenn derzeit ein Facharzt für Telemedizin noch nicht zur Diskussion steht. Aufgrund der Heterogenität der Anwendungsgebiete wird es eher einen fachspezifischen als einen fachübergreifenden Ansatz geben. Fachübergreifend sind jedoch die Bereiche Rechtliches, wie Datenschutz, Haftung und Berufsrecht, informationstechnisches Basiswissen und spezifische Anforderungen der Kommunikation, z. B. Telekonsultationen oder Videokonferenzen [72].

E-Health ist ein Begriff, der häufig für Telemedizin steht [73], auch wenn die Abgrenzung zu verwandten Bereichen noch nicht klar erkennbar ist. Eine Weiterbildung im Bereich E-Health erscheint aber dennoch als sinnvolles Herangehen, insbesondere da mittlerweile auch vereinzelt Masterstudiengänge hierzu angeboten werden.

Hier eine Auflistung von Studiengängen verschiedener Anbieter:

- Master eHealth Fachhochschule Flensburg [74]
- Bachelor und Master eHealth Fachhochschule Joanneum, Graz [75, 76]
- Bachelor eHealth Hochschule Niederrhein [77]
- Master eHealth Institut für Kommunikation und Führung (IKF), Luzern [78]

## 4.8    Gesundheitsmanagement: Anbieter von Weiterbildung

### 4.8.1    Business School Potsdam (BSP)

Die Business School Berlin Potsdam (BSP) ist eine private, staatlich anerkannte Hochschule für Management mit Sitz in Berlin. Die Schwerpunkte liegen, laut eigenen Angaben, in einer breiten Managementausbildung mit betriebswirtschaftlichen und markttheoretischen Inhalten, in der gleichzeitig die sozialen und kommunikativen Kompetenzen der Lernenden ausgebaut werden. Die Business School bietet einen Bachelorstudiengang mit Schwerpunkt Gesundheitsmanagement an [79]. Der Studiengang ist von der AHPGS akkreditiert. Das Studium umfasst in Vollzeit 6 Semester und in Teilzeit 9 Semester. Das Curriculum beinhaltet:

- Allgemeine Fachkompetenz im Management
  - Wirtschaftswissenschaftliche Grundlagen
    Grundlagen der Betriebswirtschaftslehre
    Grundlagen der Volkswirtschaftslehre
  - Grundlagen des Managements
    Grundlagen der Planung und Kontrolle
    Grundlagen der Organisation
    Grundlagen von Personal und Führung
- Spezifische Fachkompetenz
  - Beschaffung und Produktion
  - Marketing und Vertrieb
  - Investition und Finanzierung
  - Betriebliches Rechnungswesen und Controlling
  - Wirtschafts- und Steuerrecht
  - Wirtschaftspolitik und Globalisierung
- Berufsfeldbezogene Handlungskompetenz
  - Strukturen im Gesundheitswesen
  - Qualitäts- und Prozessmanagement im Gesundheitswesen
  - Medizin- und Versorgungsmanagement
  - Finanzierungsstrukturen im Gesundheitswesen
- Methoden- und Sozialkompetenz
  - Wissenschaftliches Arbeiten
  - Training personaler und sozialer Kompetenzen
  - Statistik
  - Wirtschaftsmathematik
  - Wirtschaftsinformatik
  - Bachelorthesis

## 4.8.2  SRH Hochschule Berlin

Die SRH Hochschule Berlin im Zentrum der Hauptstadt ist eine internationale Managementhochschule, die deutsch- und englischsprachige Studiengänge anbietet. Im Fokus stehen die Fachbereiche Betriebswirtschaftslehre,

Kommunikationsmanagement und Wirtschaftspsychologie. Sie bietet ein MBA Healthcare Management an. Das Curriculum umfasst:

- Political Economics
  - Gesundheitsökonomie
  - Sozial- & Gesundheitspolitik
- Law & Legislation
  - Sozialrecht
  - Spezielles Recht
- Market & Management
  - Corporate Governance & Unternehmenspolitik
  - Akteure & Institutionen
- Methods
  - Methoden des wissenschaftlichen Arbeitens
  - Empirische Methoden & statistische Verfahren
- Skills
  - Gesprächsführung, Moderation & Präsentation
  - Selbst- & Konfliktmanagement
- Navigation
  - Prozessmanagement
  - Behandlungspfade & Belegungsmanagement
- Improvement
  - Change- & Wissensmanagement
  - Qualitätsmanagement
- Human Resources
  - Personalmanagement
  - Leadership
- Marketing
  - Marketinganalysen & -strategien
  - Marketingmix & Einsatzbereiche
- Organization
  - Managementansätze inkl. Projektmanagement
  - Health Informatics (E-Health)
- Payment
  - Entgeltsysteme inkl. Codierung im DRG-System
  - Komplexvergütungen & alternative Finanzierungsformen
- Controlling
  - Kosten- und Erlösmanagement
  - Controlling & Prozesskostenrechnung

- Performance Measurement & Reporting
  - Risikomanagement
  - Performance-Measurement-Instrumente
- Service Learning Project
- Masterthesis

## 4.9   Healthcare Management: Anbieter von Weiterbildung

Die folgenden international anerkannten akademischen Grade können erworben werden:

1. Bachelor of Public Health
2. Bachelor of Health Communication
3. Master of Public Health
4. Master of European Public Health
5. Zertifikat Angewandte Gesundheitswissenschaften (FAG)
6. Dr.PH, Dr.sc.hum.
7. Habilitation

### 4.9.1   Institut für Health Care Management e. V. der Philips-Universität Marburg

Es wird ein Studium über 2 Semester (12 Monate) angeboten, welches mit einem Zertifikat Health Care Manager abschließt [80]. Das Studium ist in drei Abschnitte gegliedert:

- Block 1: Betriebswirtschaftslehre
  - Grundlagen des Krankenhausmanagements
  - Zentrale Entscheidungsfelder des Krankenhausmanagements
  - Organisationsentwicklung und Veränderungsmanagement im Krankenhaus
  - Innovationsmanagement in der Krankenhauspraxis
  - Management im niedergelassenen Sektor: Grundlagen
  - Management im niedergelassenen Sektor: Zentrale Entscheidungsfelder in
  - der Arztpraxis

- Quantitative Verfahren zur Entscheidungsvorbereitung in Gesundheitseinrichtungen
- Grundlagen und Ziele des externen und internen Rechnungswesens
- Steuerungsinstrumente und Controlling im Krankenhaus
- Praxisorientiertes Medizincontrolling
- Finanzierung von Gesundheitsleistungen
- Personalführung in der Gesundheitswirtschaft
- KTQ und Qualitätsmanagement
- Informationsmanagement in der Medizin
- Block 2: Rechtswissenschaft
  - Medizinrecht
  - Personalrecht im Krankenhaus: Arbeits- und Tarifrecht im Personalmanagement
- Block 3: Gesundheitssystem und besondere Entwicklungen
  - Gesundheits- und Sozialsysteme
  - Effiziente Prozessorganisation im Krankenhaus
  - Management vernetzter Versorgungsformen
  - Electronic Health: Einsatzmöglichkeiten des Internets in der Medizin
  - Kostenträgermanagement: Ziele, Strategien, Organisation

## 4.10 Master of Business Administration: Grundsätzliche Informationen

Der Studiengang Master of Business Administration (MBA) ist die Königsklasse der betriebswirtschaftlichen Weiterbildung, da er alle wesentlichen Managementfunktionen abdecken soll. Es handelt sich um ein postgraduales Studium, Zulassungsvoraussetzung ist also in der Regel ein abgeschlossenes Hochschulstudium. Der Studiengang ist aus dem Master of Commercial Science hervorgegangen, der 1902 erstmals vom Darthmouth College in New Hamsphire, USA, verliehen wurde. Mit der Zeit kamen weitere Universitäten hinzu, die einen betriebswirtschaftlichen postgradualen Studiengang anboten. Hieraus hat sich der Master of Business Administration entwickelt. Motivation für eine solche betriebswirtschaftliche Zusatzausbildung war unter anderem das Bestreben, die amerikanische Wirtschaft durch bessere Manager, die eine praxisbezogene Ausbildung durchlaufen haben, anzukurbeln.

Insbesondere in den letzten 30 Jahren wuchs das Interesse am MBA aus verschiedenen Gründen. Ein Grund war sicher auch, dass MBA-Absolventen selbst in Krisenzeiten gute Job-Chancen nachgesagt werden. Die Curricula wurden über die Jahre den praktischen Anforderungen angepasst und neben wirtschaftlichen Aspekten wurden auch soziale und politische Inhalte integriert. Auch wenn Top-Wirtschaftsschulen noch hauptsächlich in den USA und in England angesiedelt sind, sind mittlerweile auch sehr gute Business Schools in Deutschland, Frankreich und der Schweiz vertreten.

Zurzeit gibt es rund 3000 MBA-Programme weltweit, sie sind damit die international bekanntesten Postgraduate-Programme [81].

Allerdings ist der Titel „MBA" nicht gesetzlich geschützt, sodass verschiedenste Bildungseinrichtungen MBA-Programme anbieten. Daher ist es wichtig, sich im Vorfeld sehr gut über die verschiedenen Anbieter zu informieren. Sonst kann es sein, dass die Ausbildung weitgehend wertlos ist, da die Qualität der Kurse gering sein kann und aufgrund fehlender Akkreditierung und Anerkennung der Titel MBA trotz abgeschlossener Ausbildung nicht geführt werden darf.

### 4.10.1 MBA-Programm-Typen

Im Groben gibt es vier Typen von MBA-Programmen: das amerikanische MBA mit zwei Jahren Vollzeit, das europäische MBA mit einem Jahr Vollzeit, das Executive MBA in Teilzeit und das Fernstudium-MBA.

Das **amerikanische MBA** beinhaltet in der Regel ein Firmenpraktikum, auf das häufig auch optional unter Verkürzung der Studiendauer auf 16 Monate verzichtet werden kann. Es kann in den USA im Anschluss an eine Collegeausbildung erfolgen und wird dort als vollwertiges Studium anerkannt. Teilweise kann es auch als Teilzeit-MBA absolviert werden.

Das **europäische MBA** ist aufgrund der in den USA längeren Erststudiumsdauer im Vergleich kürzer.

Das **Executive MBA** ist für berufserfahrene Professionals gedacht, die sich berufsbegleitend im Management weiterbilden wollen. Es dauert je nach Intensität und Aufteilung der Präsenzzeiten zwischen zwei und sieben Jahren. Häufig werden die Studiengebühren vom Arbeitgeber übernommen, was jedoch in Krankenhäusern eher die Ausnahme ist. Wenn der Arbeitgeber die Studiengebühren übernimmt, ist eine Unternehmensbindungsklausel üblich, die den Arbeitnehmer für in der Regel mindestens zwei Jahre nach der Graduierung an das Unternehmen bindet, ansonsten sind die Studiengebühren insgesamt oder teilweise zurückzuzahlen.

Der Wert eines Executive MBA wird unterschiedlich beurteilt. Bei Einstiegsgehältern rangiert das Executive MBA hinter den ein- und zweijährigen Vollprogrammen. Auf Ärzte ist diese Einordnung wahrscheinlich jedoch nicht vollständig übertragbar, da für Unternehmen die ärztliche Berufserfahrung kombiniert mit einer Managementausbildung einen deutlichen Mehrwert im Vergleich zu einem Ingenieur oder Geisteswissenschaftler mit gleichwertiger Ausbildung darstellt. Ein Arzt mit Berufserfahrung und abgeschlossenem MBA kann unter Umständen Aufgaben in einem Wirtschaftsunternehmen deutlich besser erfüllen als ein Arzt, der nach einem abgeschlossenen Medizinstudium ein zweijähriges Vollzeit-MBA absolviert hat, da er ärztliches Arbeiten nicht ausreichend praktiziert hat.

Ein Executive MBA stellt in der Regel und insbesondere bei Top-Wirtschaftsschulen eine deutliche persönliche Mehrbelastung dar. Meist ist es in Form von Modulen aufgebaut, innerhalb derer möglichst interaktiv bestimmte Themen bearbeitet werden. Oft schon innerhalb eines Moduls oder danach erhält der Student eine Projektarbeit zu einem aktuellen Thema, die er meist in möglichst heterogenen Teams bearbeiten muss und die zu einem bestimmten Termin abzugeben ist. Je nach Qualität des Programms wird darauf geachtet, dass die Teammitglieder einen möglichst unterschiedlichen beruflichen Hintergrund haben, um jeweils von der gemischten Expertise der Teammitglieder profitieren zu können. Diese Teamprojekte sollen auf die Teamarbeit in Unternehmen vorbereiten, bei der häufig Mitglieder verschiedener Abteilungen ein Projekt gemeinsam bearbeiten. Die termingerechte Abgabe und das Bestehen der Projektarbeit ist meist Voraussetzung für die Zulassung zum nächsten Modul. Die Projektarbeit wird in der Regel in der Freizeit der Studenten bearbeitet, was viel Zeit in Anspruch nimmt, die folglich der Familie und dem Privatleben nicht mehr zur Verfügung steht.

Das **Fernstudium-MBA** gilt häufig nicht als vollwertig, da es einige organisatorische Nachteile mit sich bringt. Zum Beispiel ist der Austausch der Studenten untereinander stark eingeschränkt, sodass Teamarbeit, wenn sie überhaupt Programmpunkt ist, auf einem qualitativ niedrigeren Niveau stattfindet. Auch der Austausch mit den Professoren wird auf ein Mindestmaß beschränkt. Die Soft Skills, die es in einer Teamarbeit zu erlernen gilt, können ohne räumliche Zusammenarbeit jedoch nicht ausreichend geübt werden. Bei internationalen MBA-Programmen sind die Studiengänge mit Teilnehmern aus verschiedenen Ländern besetzt. Hierdurch können einige Skills in der Interaktion im internationalen Umfeld und Fremdsprachenkenntnisse ausgebaut werden. Dies erscheint bei einem Fernstudium deutlich eingeschränkt. Auch sind Fernstudiengänge häufig nicht akkreditiert, was den Wert des MBA deutlich einschränkt.

## 4.10.2  Aufbau eines MBA

Auch wenn das Curriculum verschiedener Business Schools unterschiedlich aufgebaut ist, gibt es doch einige Grundlagenfächer, die in jedem Programm enthalten sind. Des Weiteren werden Wahl- und Ergänzungsfächer angeboten, die auch durch die Wirtschaftszweig-Ausrichtung der Business School mitgeprägt sind. Es folgt eine Liste mit Themen, die genutzt werden kann, um das Curriculum des Studiengangs einer Business School mit den eigenen gewünschten Themenschwerpunkten abzugleichen.

Grundlagenfächer:

- Volkswirtschaftslehre
  - Mikroökonomie
  - Makroökonomie
- Finanz- und Rechnungswesen
- Marketing
- Produktion und Logistik
- Personalwirtschaft
- Quantitative Entscheidungsmethoden und Betriebswirtschaftslehre
- Statistik
- Entscheidungsanalyse
- Operations Research

Weitere Fächer, die je nach Ausrichtung der Business School angeboten werden können, sind:

- Real Estate
- Organisational Behaviour
- Public Policy
- Risk Management
- Taxation
- E-Commerce

- Nonprofit and Public Management
- International Business
- Fundraising and Development
- Information Technology
- International Trade
- International Trade Law
- International Legal Environment of Business
- Management in the People's Republic of China
- Management in Pacific Rim Countries
- Telecommunications Networks
- Systems Analysis & Design
- Management Information Systems
- Healthcare Economics
- Healthcare Law
- Healthcare Marketing
- Healthcare Organization
- Healthcare Administration
- Labor Relations and Work Force Governance
- Motivation and Reward Systems
- Human Judgment and Decision Making
- Leadership
- Investment and Portfolio Management
- Management of Financial Institutions
- Change Management

## 4.10.3  Akkreditierung

Um den späteren Wert eines MBA-Titels zu gewährleisten, ist eines der wichtigsten Auswahlkriterien die Akkreditierung des Programms. Die Akkreditierung beurteilt die Qualität des Studiums. Auch werden die Programme dadurch international vergleichbarer. Die Akkreditierung ist für die Business School zeitaufwendig, da verschiedene Kriterien überprüft werden. Es können sowohl einzelne MBA-Programme oder der Anbieter akkreditiert sein. Die wichtigsten Akkreditierungsstellen sind:

- AACSB – Association to Advance Collegiate Schools of Business [82]
- EQUIS – European Quality Improvement System [83]
- AMBA – Association of MBAs [84]
- Stiftung zur Akkreditierung von Studiengängen in Deutschland – Akkreditierungsrat
  - AHPGS – Akkreditierungsagentur im Bereich Heilpädagogik, Pflege, Gesundheit und Soziales [85]
  - ASIIN – Akkreditierungsagentur für Studiengänge der Ingenieurwissenschaften, der Informatik, der Naturwissenschaften und der Mathematik e. V. [86]
  - AQUIN – Akkreditierungs-, Zertifizierungs- und Qualitätssicherungs-Institut [87]
  - AQAS – Agentur für Qualitätssicherung durch Akkreditierung von Studiengängen [88]
  - FIBAA – Foundation for International Business Administration Accreditation [89]
  - ZEvA – Zentrale Evaluations-und Akkreditierungsagentur [90]

### 4.10.3.1 Association to Advance Collegiate Schools of Business (AACSB)

Die Association to Advance Collegiate Schools of Business (AACSB) ist die wichtigste Akkreditierungseinrichtung in den USA. Von ihr wird der Anbieter akkreditiert. Ein MBA-Programm eines AACSB-akkreditierten Anbieters gilt als hochwertig. Derzeit sind 711 Business Schools in 47 Ländern von der AACSB akkreditiert. Knapp ein Viertel davon befindet sich außerhalb der USA. Wichtig ist auch zu überprüfen, ob die Business School tatsächlich akkreditiert ist, selbst wenn sie das AACSB-Siegel trägt. Dies darf sie nämlich auch tun, wenn sie nur Mitglied bei der AACSB ist. Auch kann es vorkommen, dass die Business School ein Programm mit einer Partner-Universität anbietet, die die Akkreditierung hat, und so mit dem AACSB-Siegel wirbt. Auf der Webseite der AACSB [82] kann eine Liste der Business Schools nach Land angezeigt werden. In Deutschland sind derzeit neun Anbieter AACSB-akkreditiert:

- ESMT European School of Management and Technology [91]
- Frankfurt School of Finance & Management gGmbH [92]
- HHL Leipzig Graduate School of Management [93]

- Johann Wolfgang Goethe-Universität, Frankfurt am Main [94]
- Pforzheim University [95]
- RWTH Aachen University [96]
- Universität Mannheim [97, 98]
- Westfälische Wilhelms-Universität Münster [99]
- WHU-Otto Beisheim School of Management [100]

### 4.10.3.2 European Quality Improvement System (EQUIS)

Auch durch die European Foundation for Management Development (EFMD) in Brüssel wird die gesamte Institution beurteilt und die EQUIS-Akkreditierung verliehen. Sie ist die größte Vereinigung von Business Schools in Europa und somit der wichtigste Akkreditierer außerhalb der USA. Über 100 Business Schools tragen die EQUIS-Akkreditierung.

### 4.10.3.3 Association of MBAs (AMBA)

Die britische Association of MBAs (AMBA) ist ein renommierter Akkreditierer für einzelne MBA-Programme. Die Evaluation erfolgt über einen Peer Review durch AMBA-Gutachter, die überwiegend Dekane oder MBA-Direktoren von akkreditierten Institutionen sind. Auch vergibt die AMBA Studienkredite.

### 4.10.3.4 Triple-Akkreditierung (Triple Crown)

Von der Triple-Akkreditierung (Triple Crown) spricht man, wenn eine Business School die drei wichtigsten Akkreditierungen erhalten hat: AACSB, AMBA und EQUIS. Dies stellt ein besonderes Gütesiegel dar. Weltweit besitzen weniger als 1 % der Business Schools diese Auszeichnung, und ein MBA-Programm, das die Triple-Akkreditierung hat, stellt einen besonderen Wert insbesondere im internationalen Umfeld dar. In Deutschland besaßen 2015 nur die Mannheim Business School [37] und die ESCP Europe in Berlin [101] eine Triple Crown.

### 4.10.3.5 Stiftung zur Akkreditierung von Studiengängen in Deutschland – Akkreditierungsrat

Der Akkreditierungsrat vergibt Berechtigungen zur Akkreditierung an Agenturen, die dann entweder die Programme oder ganze Systeme (Anbieter) akkreditieren. Ist ein System akkreditiert, darf jedes Programm des Anbieters das Akkreditierungssiegel führen. Die berechtigten Agenturen sind: ACQUIN, AHPGS, AKAST, AQ Austria, AQAS, ASIIN, evalag, FIBAA, OAQ, ZEvA.

Auf der Homepage des Akkreditierungsrates [26] finden sich Informationen, ob der jeweilige Studiengang akkreditiert ist. Eine Gegenprüfung vor der Entscheidung zu einem Anbieter ist empfehlenswert.

Im internationalen Vergleich gelten die Kriterien der deutschen Akkreditierer nur als Mindeststandard [102].

## 4.10.4  Ranking

Neben der Akkreditierung ist ein wichtiges Auswahlkriterium des MBA-Programms das internationale Ranking. Es darf zwar nicht überbewertet werden, aber auf der anderen Seite wird ein potenzieller Arbeitgeber, wenn er sich zwischen zwei Bewerbern entscheidet, dies vielleicht auch anhand des Rankings tun. Als wichtige Hintergrundinformation ist das Wissen nicht unerheblich, dass die Rankings anhand unterschiedlicher Methoden erstellt werden und daher zu unterschiedlichen Ergebnissen kommen können. Die Rankings können zum Beispiel aus Sicht der Studenten, der Dekane oder von Unternehmen erstellt worden sein. Auch führen nicht alle Rankings internationale Schulen auf, sondern manche beschränken sich lediglich auf die USA.

Die wichtigsten Rankings kommen aus den USA und sind: Bloomberg Businessweek [103], Financial Times [104] und The Economist [105]. Das Institut Staufenbiel bietet ebenfalls eine Übersicht über verschiedene MBA-Rankings [106].

## 4.10.5  Auswahl des Anbieters

Wie bereits geschrieben, sollte für die Auswahl des Anbieters ausreichend Zeit aufgewendet werden. Letztendlich ist ein MBA eine große Investition an Zeit und Geld. daher sollte im Vorfeld der Wert der Investition sehr gut geprüft werden. Wichtige Faktoren der Auswahl sind die Studieninhalte, Programmstrukturen und Programmdauer. Auch ist wichtig, dass das Programm schon möglichst lange besteht, aber mindestens zwei Absolventenjahrgänge hervorgebracht hat [41].

Beim Inhalt ist darauf zu achten, dass die Grundlagenfächer (Abschn. 4.10.2) abgedeckt sind.

Als Kurssprache empfiehlt sich Englisch, da dies der internationalen Anerkennung zugutekommt und die Fremdsprachenkenntnisse so ausgebaut werden können.

Je internationaler die Studentenzusammensetzung, desto besser, da dies die interkulturelle Kompetenz fördert. Dies lässt sich unter anderem der Alumni-Datenbank entnehmen.

Die Lehrmethoden sollten möglichst praxisbezogen sein und ein enger Kontakt mit verschiedenen Unternehmen bestehen. Neben Vorlesungen sollten Übungen, Fallstudien, Gruppendiskussionen, Projektarbeit, Management-Simulationen und Rollenspiele Teil der Ausbildung sein [102].

Hinsichtlich der Bestehens- und Durchfallquoten ist bei Business Schools mit Extremwerten Vorsicht geboten.

Die Dozenten sollten bevorzugt ein postgraduales Studium absolviert haben und Forschung betreiben oder betrieben haben sowie über Management- und Beratererfahrung verfügen.

Die Business School sollte über einen Karriereservice verfügen, der Absolventen bei der weiteren Karriereplanung und Durchführung hilft.

Die geografische Lage der Business School hat Auswirkungen auf die Vernetzung mit ortsansässigen Unternehmen. Dies kann wichtig für die Programmzusammensetzung und den weiteren Karriereweg sein.

Im Folgenden wird eine Checkliste präsentiert, die helfen kann, nach einer Vorauswahl die Anbieter von MBA-Programmen zu evaluieren.

## 4.10.6  Checkliste zur Auswahl des MBA-Anbieters

Name und Ort des Anbieters: _____

Programmstart:_____   Ende der Bewerbungsfrist: _____


☐ Fulltime MBA (2 Jahre)   ☐ Fulltime MBA (1 Jahr)   ☐ Executive MBA   ☐ Fernstudium-MBA


☐ Das Curriculum enthält Grundlagenfächer (Volkswirtschaftslehre, Finanz- und Rechnungswesen, Marketing, Produktion, Logistik, Personalwirtschaft, Statistik, Entscheidungslehre)

☐ Das Curriculum enthält die von mir als wichtig erachteten Nebenfächer.
Folgende Nebenfächer sind für mich wichtig:

_____

☐ Das Programm hat bereits mindestens zwei Absolventenjahrgänge hervorgebracht.

☐ Kurssprache ist Englisch

Das Programm beinhaltet:

☐ Übungen   ☐ Fallstudien   ☐ Gruppenarbeit   ☐ Management-Simulation


___ % Internationale Studenten


Die geografische Lage des Anbieters bringt Vorteile für das folgende Wirtschaftssegment:

_____

Der Anbieter kooperiert mit den folgenden Unternehmen:

_____

Akkreditierung:

☐ AACSB   ☐ EQUIS   ☐ AMBA   ☐ AHPGS   ☐ ASIIN   ☐ AQUIN   ☐ AQAS   ☐ FIBAA   ☐ ZEvA


Rankingplatz

___ Financial Times   ___ Blomberg Businessweek   ___ The Economist   ___ Wall Street Journal

___ US News & World Report   ___Staufenbiel


___ % Bestehensquote in den letzten Jahrgängen

☐ Karriereservice vorhanden

☐ Anbieter gewährt Online-Bibliothekszugang

Zu erwartende Kosten:

_____ Antragsgebühr   _____ Studiengebühr   _____ Unterkunftskosten   _____ Reisekosten

☐ Anbieter bietet Stipendien an

## 4.11 Förderungsmöglichkeiten für Weiterbildung

Unter bestimmten Voraussetzungen ist auch die Förderung von einer staatlichen oder privaten Einrichtung möglich. Dies sollte im Vorfeld abgeklärt werden. Im Folgenden werden ohne Anspruch auf Vollständigkeit mögliche Anbieter aufgelistet.

- Das Bundesministerium für Bildung und Forschung bietet eine Auflistung der Förderungsprogramme der Länder an [107].
- Die Bundesregierung gewährt mit der Bildungsprämie Zuschüsse zur beruflichen Fort- und Weiterbildung [108].
- Das Deutschlandstipendium bietet eine gemischte Förderung an [109].
- Arbeitssuchende kann die Arbeitsagentur mit einem Bildungsgutschein fördern [110].
- Die Helios Kliniken vergeben pro Semester jeweils zehn Stipendien für den Bachelorstudiengang Medizincontrolling an der Medical School Berlin [111].
- Der Deutsche Akademische Austauschdienst präsentiert verschiedene Förderungsmöglichkeiten auf seiner Webseite:
  - DAAD Scholarship Database [112]
  - DAAD Stibet Program [113]
  - DAAD Promos Scholarship [114]
- Die Karl-Kolle-Stiftung vergibt Stipendien [115].
- Die Daniela und Jürgen Westphal-Stiftung zur Förderung privater Universitäten [116] vergibt Stipendien an Studenten, die durch die Dekane folgender Universitäten vermittelt werden:
  - Universität Witten/Herdecke, Witten
  - WHU – Otto Beisheim School of Management, Koblenz
  - European Business School, Oestrich-Winkel
  - HHL Leipzig Graduate School of Management, Leipzig
  - Bucerius Law School – Hochschule für Rechtswissenschaft, Hamburg
  - Zeppelin Universität, Friedrichshafen
- Erasmus-Förderprogramme sind weithin bekannt. Weitere Informationen hierzu finden sich auf der Homepage des DAAD [117].
- Die Alfred-Töpfer-Stiftung bietet diverse Programme an. Weitere Informationen finden sich auf deren Webseite [118].

# Literatur

1. http://www.kmk.org/wissenschaft-hochschule/internationale-hochschulangelegenheiten/bologna-prozess.html. Zugegriffen: 27. Nov. 2015.
2. http://www.gesetze-im-internet.de/hrg/__19.html. Zugegriffen: 27. Nov. 2015.
3. http://www.kmk.org/fileadmin/veroeffentlichungen_beschluesse/2003/2003_10_10-Laendergemeinsame-Strukturvorgaben.pdf. Zugegriffen: 27. Nov. 2015.
4. http://www.mibeg.de/medizin/. Zugegriffen: 27. Nov. 2015.
5. http://www.mibeg.de/medizin/medizin-controlling/. Zugegriffen: 27. Nov. 2015.
6. http://www.medizincontroller.de/. Zugegriffen: 27. Nov. 2015.
7. http://pk-management.de/. Zugegriffen: 27. Nov. 2015.
8. http://www.healthcare-akademie.de/cn_kodierfachkraft.html. Zugegriffen: 27. Nov. 2015.
9. http://www.delta-cmi.de/akademie. Zugegriffen: 27. Nov. 2015.
10. http://www.medicalschool-berlin.de/fakultaet-gesundheit/medical-controlling-and-management/. Zugegriffen: 27. Nov. 2015.
11. http://www.medicalschool-hamburg.de/fakultaet-gesundheit/medical-controlling-and-management/. Zugegriffen: 27. Nov. 2015.
12. http://www.fh-jena.de/fhj/bw/studiengaenge/Fern_MBA_HCM/Seiten/default.aspx. Zugegriffen: 27. Nov. 2015.
13. http://www.jenall.de/. Zugegriffen: 27. Nov. 2015.
14. http://www.hhl.de/en/programs/part-time-mba-hospital-management/#1. Zugegriffen: 27. Nov. 2015.
15. http://www.gsrn.de/zertifikate/zertifikat-gesundheitscontroller/. Zugegriffen: 27. Nov. 2015.
16. http://www.gsrn.de/mba-master-programme/mba-gesundheitsmanagement-und-controlling/. Zugegriffen: 27. Nov. 2015.
17. http://www.bundesaerztekammer.de/page.asp?his=1.120.1116.4714v.
18. http://www.uni-bremen.de/pabo/studiengaenge/bachelor/fachwissenschaftlich/public-health-gesundheitswissenschaften.html. Zugegriffen: 27. Nov. 2015.
19. http://www.haw-hamburg.de/studium/bachelor/bachelor-studiengaenge/ls/gesundheitswissenschaften.html. Zugegriffen: 27. Nov. 2015.
20. http://www.hs-furtwangen.de/studiengaenge/interessensbereich/gesundheitswissenschaften/angewandte-gesundheitswissenschaften.html. Zugegriffen: 27. Nov. 2015.
21. http://www.hs-fulda.de/index.php?id=7038. Zugegriffen: 27. Nov. 2015.
22. https://www.hs-magdeburg.de/studium/bachelor/gesundheitsfoerderung-und-management.html. Zugegriffen: 27. Nov. 2015.
23. http://www.ph-heidelberg.de/gefoe.html. Zugegriffen: 27. Nov. 2015.
24. http://www.ph-gmuend.de/deutsch/studium/studiengaenge/bachelor_gesundheitsfoerderung.php. Zugegriffen: 27. Nov. 2015.
25. http://www.eh-darmstadt.de/studiengaenge/pflegewissenschaft/bachelor/. Zugegriffen: 27. Nov. 2015.
26. http://www.hs-kompass2.de/kompass/xml/akkr/maske.html. Zugegriffen: 27. Nov. 2015.
27. http://www.deutsche-gesellschaft-public-health.de/informationen/studiengaenge/public-health-ausbildung/. Zugegriffen: 27. Nov. 2015.
28. http://www.uni-bielefeld.de/gesundhw/studienangebote/msc/index.html. Zugegriffen: 27. Nov. 2015.

29. http://www.hs-fulda.de/index.php?id=1779. Zugegriffen: 27. Nov. 2015.
30. http://www.fb11.uni-bremen.de/sixcms/detail.php?id=2109. Zugegriffen: 27. Nov. 2015.
31. http://www.fb11.uni-bremen.de/sixcms/detail.php?id=2110. Zugegriffen: 27. Nov. 2015.
32. http://www.m-publichealth.med.uni-muenchen.de/mph/index.html. Zugegriffen: 27. Nov. 2015.
33. http://www.hs-fulda.de/index.php?id=806&F=0. Zugegriffen: 27. Nov. 2015.
34. https://www.mh-hannover.de/66.html. Zugegriffen: 27. Nov. 2015.
35. http://www.public-health.hhu.de/. Zugegriffen: 27. Nov. 2015.
36. http://www.haw-hamburg.de/studium/studiengaenge/ls/master/public-health.html. Zugegriffen: 27. Nov. 2015.
37. http://tgm.jade-hs.de/web/file/Weiterbildungsmaster_Public_Health.php. Zugegriffen: 27. Nov. 2015.
38. http://bsph.charite.de/studium_weiterbildung/master_of_public_health_mph/. Zugegriffen: 27. Nov. 2015.
39. http://www.leuphana.de/master-of-public-health-berufsbegleitend.html. Zugegriffen: 27. Nov. 2015.
40. http://www.deutsche-gesellschaft-public-health.de. Zugegriffen: 27. Nov. 2015.
41. http://www.djs-online.de/. Zugegriffen: 27. Nov. 2015.
42. http://www.journalistenschule.de/. Zugegriffen: 27. Nov. 2015.
43. http://www.axelspringer.de/inhalte/berufsse/frame.htm. Zugegriffen: 27. Nov. 2015.
44. http://www.burda.de/. Zugegriffen: 27. Nov. 2015.
45. http://www.berliner-journalisten-schule.de/. Zugegriffen: 27. Nov. 2015.
46. http://www.evangelische-medienakademie.de. Zugegriffen: 27. Nov. 2015.
47. http://www.ifp-kma.de/. Zugegriffen: 27. Nov. 2015.
48. http://www.holtzbrinck-schule.de/. Zugegriffen: 27. Nov. 2015.
49. http://www.koelnerjournalistenschule.de/. Zugegriffen: 27. Nov. 2015.
50. http://www.fernsehakademie.de/. Zugegriffen: 27. Nov. 2015.
51. http://www.mibeg.de/. Zugegriffen: 27. Nov. 2015.
52. http://www.wbstraining.de/. Zugegriffen: 27. Nov. 2015.
53. http://www.kommwiss.fu-berlin.de. Zugegriffen: 27. Nov. 2015.
54. http://www.wissenschaftsjournalismus.org/start.html. Zugegriffen: 27. Nov. 2015.
55. http://www.journalistik-dortmund.de/start.html. Zugegriffen: 27. Nov. 2015.
56. http://www.journalistik.uni-mainz.de/91.php. Zugegriffen: 27. Nov. 2015.
57. https://kowi.uni-hohenheim.de/studium. Zugegriffen: 27. Nov. 2015.
58. http://www.uni-tuebingen.de/fakultaeten/philosophische-fakultaet/fachbereiche/philosophie-rhetorik-medien/institut-fuer-medienwissenschaft/studium.html. Zugegriffen: 27. Nov. 2015.
59. http://www.uni-bamberg.de/kowi/studium/studieninteressierte/. Zugegriffen: 27. Nov. 2015.
60. http://www.fh-mittelstand.de/medienkommunikation/. Zugegriffen: 27. Nov. 2015.
61. http://www.ku.de/studieninteressenten/studium-waehlen/bachelor/journalistik/. Zugegriffen: 27. Nov. 2015.
62. http://www.ku.de/studieninteressenten/studium-waehlen/master/journalistik/. Zugegriffen: 27. Nov. 2015.
63. http://www.w-hs.de/jpr-ge/. Zugegriffen: 27. Nov. 2015.
64. http://f3.hs-hannover.de/studium/bachelor/journalistik/index.html. Zugegriffen: 27. Nov. 2015.

65. http://www.wiso.uni-hamburg.de/studienbueros/studienbuero-sowi/studiengaenge/
journalistik-und-kommunikationswissenschaft-ma/profil/. Zugegriffen: 27. Nov. 2015.
66. http://www.uni-leipzig.de/journalistik2/. Zugegriffen: 27. Nov. 2015.
67. http://www.ifkw.uni-muenchen.de/studium/studiengaenge/master_journ/index.html.
Zugegriffen: 27. Nov. 2015.
68. http://www.djv.de/startseite.html. Zugegriffen: 27. Nov. 2015.
69. https://www.thieme.de/viamedici/arzt-im-beruf-alternative-berufsfelder-1562/a/info-
paket-medizinjournalismus-4553.htm. Zugegriffen: 27. Nov. 2015.
70. http://www.gmds.de/weiterbildung/biomedinfo.php. Zugegriffen: 27. Nov. 2015.
71. https://www.thieme.de/viamedici/klinik-faecher-sonstige-faecher-1548/a/medizinin-
formatik-4284.htm. Zugegriffen: 27. Nov. 2015.
72. Telemedizin: Bald ein Routinewerkzeug; Dtsch Ärztebl 2014; *111*(3): A-66 / B-60 /
C-56;   http://www.aerzteblatt.de/archiv/152914/Telemedizin-Bald-ein-Routinewerk-
zeug. Zugegriffen: 27. Nov. 2015.
73. 58. World Health Assembly WHA58.28 eHealth 2005 http://www.who.int/healthaca-
demy/media/WHA58-28-en.pdf. Zugegriffen: 27. Nov. 2015.
74. http://www.fh-flensburg.de/fhfl/ehealth.html. Zugegriffen: 27. Nov. 2015.
75. http://www.fh-joanneum.at/aw/home/Studienangebot_Uebersicht/department_ange-
wandte_informatik/~dav/ehb/?lan=de. Zugegriffen: 27. Nov. 2015.
76. http://www.fh-joanneum.at/aw/home/Studienangebot_Uebersicht/department_ange-
wandte_informatik/~bnii/eht/?lan=de. Zugegriffen: 27. Nov. 2015.
77. http://www.hs-niederrhein.de/gesundheitswesen/studium/b-sc-e-health/.   Zugegriffen:
27. Nov. 2015.
78. http://www.master-ehealth.ch/master.htmlhttp://www.gsrn.de/zertifikate/zertifikat-it-
in-der-gesundheitswirtschaft/. Zugegriffen: 27. Nov. 2015.
79. http://www.businessschool-berlin-potsdam.de/bachelorstudiengaenge/business-admi-
nistration/studium/schwerpunkt-gesundheitsmanagement/. Zugegriffen: 27. Nov. 2015.
80. www.uni-marburg.de/hcm. Zugegriffen: 27. Nov. 2015.
81. http://www.mbastudium.net. Zugegriffen: 27. Nov. 2015.
82. http://www.aacsb.edu/. Zugegriffen: 27. Nov. 2015.
83. http://www.efmd.org/index.php/accreditation-main/equis. Zugegriffen: 27. Nov. 2015.
84. http://www.mbaworld.com/. Zugegriffen: 27. Nov. 2015.
85. http://ahpgs.de/. Zugegriffen: 27. Nov. 2015.
86. http://www.asiin-ev.de/pages/de/asiin-e.-v.php. Zugegriffen: 27. Nov. 2015.
87. https://www.acquin.org/. Zugegriffen: 27. Nov. 2015.
88. http://www.aqas.de/. Zugegriffen: 27. Nov. 2015.
89. http://www.fibaa.org/de/startseite.html. Zugegriffen: 27. Nov. 2015.
90. http://www.zeva.org/. Zugegriffen: 27. Nov. 2015.
91. http://www.esmt.org/. Zugegriffen: 27. Nov. 2015.
92. http://www.frankfurt-school.de/. Zugegriffen: 27. Nov. 2015.
93. http://www.hhl.de/. Zugegriffen: 27. Nov. 2015.
94. http://www.wiwi.uni-frankfurt.de/. Zugegriffen: 27. Nov. 2015.
95. http://www.hs-pforzheim.de/de-de/Wirtschaft-und-Recht/Seiten/Bereich.aspx.Zugegriffen:
27. Nov. 2015.
96. http://www.aacsb.edu/www.wiwi.rwth-aachen.de. Zugegriffen: 27. Nov. 2015.
97. http://www.bwl.uni-mannheim.de/. Zugegriffen: 27. Nov. 2015.

98. http://www.mannheim-business-school.com/. Zugegriffen: 27. Nov. 2015.

99. http://www.wiwi.uni-muenster.de/. Zugegriffen: 27. Nov. 2015.

100. http://www.whu.edu/. Zugegriffen: 27. Nov. 2015.

101. www.escpeurope.de/. Zugegriffen: 27. Nov. 2015.

102. Baus, R. (2009). *Staufenbiel Das MBA-Studium* (10. Aufl., ISBN: 3-922132-36-7). Köln: Staufenbiel.

103. http://www.businessweek.com/bschools/rankings. Zugegriffen: 27. Nov. 2015.

104. http://www.ft.com/intl/business-education/mba. Zugegriffen: 27. Nov. 2015.

105. http://www.economist.com/whichmba/. Zugegriffen: 27. Nov. 2015.

106. http://www.mba-master.de/startseite.html. Zugegriffen: 27. Nov. 2015.

107. http://www.bildungspraemie.info/de/rund-um-weiterbildung-22.php. Zugegriffen: 27. Nov. 2015.

108. http://www.bildungspraemie.info/. Zugegriffen: 27. Nov. 2015.

109. http://www.deutschlandstipendium.de/. Zugegriffen: 27. Nov. 2015.

110. http://www.arbeitsagentur.de/web/content/DE/BuergerinnenUndBuerger/Weiterbildung/ Foerdermoeglichkeiten/Bildungsgutschein/index.htm. Zugegriffen: 27. Nov. 2015.

111. http://www.medicalschool-berlin.de/fileadmin/layouts/msb/Downloads/MSB_Flyer_ MC_2-R2.pdf. Zugegriffen: 27. Nov. .2015.

112. https://www.daad.de/deutschland/stipendium/datenbank/en/21148-scholarship-data-base/. Zugegriffen: 27. Nov. 2015.

113. https://www.daad.de/hochschulen/betreuung/stibet/05096.de.html. Zugegriffen: 27. Nov. 2015.

114. https://www.daad.de/hochschulen/ausschreibungen/13502.de.html. Zugegriffen: 27. Nov. 2015.

115. http://www.karl-kolle-stiftung.de. Zugegriffen: 27. Nov. 2015.

116. http://www.westphal-stiftung.de/index.html. Zugegriffen: 27. Nov. 2015.

117. https://eu.daad.de/de/. Zugegriffen: 27. Nov. 2015.

118. http://toepfer-stiftung.de/. Zugegriffen: 27. Nov. 2015.

# Der Einstieg in die Industrie. Aufbau eines Industrieunternehmens

**5**

In Kap. 3 wurden bereits verschiedenste alternative Berufsfelder für Ärzte vorgestellt. Es erscheint jedoch naheliegend, vor allem eine Anstellung bei einem Medizinunternehmen zu suchen. Das kann zum Beispiel ein Pharma- oder ein Medizintechnikunternehmen sein.

Auch wenn ein Arzt sicher schon Kontakt mit Vertretern der Industrie hatte, ist der Gesamtaufbau eines solchen Unternehmens ihm vielleicht nur in groben Zügen bekannt. Dieser soll im vorliegenden Kapitel daher etwas genauer beschrieben werden, um dem Leser eine Vorstellung davon zu vermitteln, welches Arbeitsumfeld ihn bei einem Wechsel erwartet.

Medizinische Unternehmen sind gewachsene Unternehmen. Ihre Größe ist abhängig von der Dauer des Bestehens und des erfolgten Wachstums.

Die Anzahl der Neugründungen im Biotechnologiebereich ist niedrig, wie Abb. 5.1 zeigt, während sie im Bereich der Medizintechnik vergleichsweise hoch ist. Aus der BMBF-Medizintechnikstudie von 2005 geht hervor, dass zwischen den Jahren 1995 und 2002 insgesamt gut 9300 Unternehmen gegründet wurden, die in der Medizintechnik forschen, dort Produkte herstellen oder medizintechnik-spezifische Dienstleistungen anbieten. Rund 45 % davon gehören zum Bereich Dienstleistung, Software und Telemedizin [1].

Die Gründungsjahre der größten Pharmaunternehmen sind in Tab. 5.1 dargestellt.

Auch die Strukturen eines Unternehmens haben sich mit dessen Wachstum entwickelt.

Die Gründung eines Unternehmens durchläuft verschiedene Phasen. Im Folgenden wird dies am Beispiel eines Medizintechnikunternehmens aufgrund der deutlich höheren Zahl der Neugründungen in diesem Bereich dargestellt

© Springer Fachmedien Wiesbaden 2016
C. Renner, *Der Arzt in der Wirtschaft*,
DOI 10.1007/978-3-658-07059-5_5

Anzahl Biotechunternehmen (Neugründungen in Klammern)

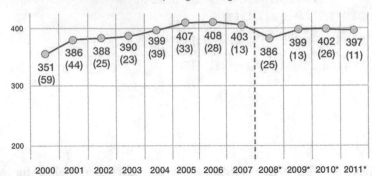

* Eine neue statistische Abgrenzung verhindert einen direkten Vergleich mit Werten aus den Vorjahren.

Eigene Darstellung des BPI basierend auf Daten von Ernst & Young AG 2007 – 2012.

**Abb. 5.1**  Anzahl Biotechunternehmen [2]

werden. Dies soll eine bessere Vorstellung vom Aufbau eines solchen Unternehmens vermitteln.

Auch könnte der Leser erwägen, selbst ein Unternehmen zu gründen, und daher die Informationen zumindest als Basisreferenz als nützlich empfinden.

## 5.1    Gründung eines Medizintechnikunternehmens

Der Lebenszyklus weist eine deutlich längere Gründungsphase im Vergleich zu anderen Technologiefeldern auf – mit Ausnahme der Biotechnologie [1] Dies liegt vor allem daran, dass das Know-how und die Unternehmensidee meist während einer anderen hauptberuflichen Beschäftigung reifen

Die Gründung erfolgt zur

- Verwertung der zuvor erarbeiteten Forschungsergebnisse an Instituten,
- Umsetzung von Erfahrungen aus der klinischen Anwendung in neue oder verbesserte Produkte und Dienstleistungen,
- Umsetzung von Ergebnissen aus Diplomarbeiten, Promotions- oder Habilitationsvorhaben,

**Tab. 5.1** Gründungsjahre der größten Pharmaunternehmen in USA, Europa und Japan. (Quelle: Pharmamarketing: Innovationsmanagement im 21. Jahrhundert [3])

| | | |
|---|---|---|
| E.I. du Pont de Nemours and Company | Wilmington, USA | 1802 |
| Pfizer | New York, USA | 1849 |
| Bausch und Lomb | Rochester, USA | 1853 |
| Eli Lilly and Company | Indianapolis, USA | 1876 |
| Johnson & Johnson | New Brunswick, USA | 1887 |
| Abbott Laboratories | Abbott Park, USA | 1888 |
| Merck and Company | Whitehouse Station, USA | 1891 |
| Procter and Gamble | Cincinnati, USA | 1905 |
| Mallinckrodt | Saint Louis, USA | 1909 |
| American Home Products Corporation | Madison, USA | 1926 |
| Minnesota Mining and Manufacturing Co. | Saint Paul, USA | 1829 |
| Baxter International | Deerfield, USA | 1931 |
| Allergan | Irvine, USA | 1948 |
| Schering-Plough Corporation | Madison, USA | 1971 |
| Genetech | South San Francisco, USA | 1976 |
| Amgen | Thousand Oaks, USA | 1980 |
| Bristol-Myers Squibb | New York, USA | 1989 |
| Pharmacia Corporation | Peapack, USA | 2000 |
| Merck | Darmstadt, Deutschland | 1816 |
| BASF Group | Ludwigshafen, Deutschland | 1861 |
| Bayer Group | Leverkusen, Deutschland | 1863 |
| Solvay | Brüssel, Belgien | 1863 |
| Nestlé | Vevey, Schweiz | 1866 |
| Schering | Berlin, Deutschland | 1871 |
| Boehringer Ingelheim | Ingelheim am Rhein, Deutschland | 1885 |
| Roche Holding | Basel, Schweiz | 1896 |
| Novo Nordisk | Bagsvaerd, Dänemark | 1989 |
| Akzo Nobel | Amhem, Niederlande | 1994 |
| Novartis | Basel, Schweiz | 1996 |
| Nycomed Amersham | Little Chalfont, England | 1997 |
| AstraZeneca | London, England | 1997 |

(Fortsetzung)

**Tab. 5.1**  (Fortsetzung)

| Aventis | Straßburg, Frankreich | 1999 |
|---|---|---|
| Sanofi-Synthelabo | Paris, Frankreich | 1999 |
| GlaxoSmithKline | London, England | 2000 |
| Tanabe Seiyaku | Osaka, Japan | 1678 |
| Ono Pharmaceutical | Osaka, Japan | 1717 |
| Takeda Chemical Industries | Osaka, Japan | 1781 |
| Shionogi and Company | Osaka, Japan | 1878 |
| Fujisawa Pharmaceutical | Osaka, Japan | 1894 |
| Sankyo | Tokyo, Japan | 1899 |
| Taisho Pharmaceutical | Tokyo, Japan | 1912 |
| Banyu Pharmaceutical | Tokyo, Japan | 1915 |
| Daiichi Pharmaceutical | Tokyo, Japan | 1915 |
| Yamanouchi Pharmaceutical | Tokyo, Japan | 1923 |
| Chugai Pharmaceutical | Tokyo, Japan | 1925 |
| Welfide Corporation | Osaka, Japan | 1940 |
| Eisai | Tokyo, Japan | 1941 |
| Kyowa Hakko Kogyo | Tokyo, Japan | 1949 |

- Nutzung eines zuvor identifizierten Bedarfs,
- Verwertung der eigenen fachlichen Qualitäten in Form wissenschaftlichen Know-hows durch langjährige Berufstätigkeit [1].

Sie durchläuft in der Regel die folgenden Phasen:

- **Seed-Phase:** Entstehung der Idee des Produkts oder der Dienstleistung, Patentierung, Recherche, Entwicklung von Prototypen
- **Start-up-Phase:** Umsetzung der Idee und Vorbereitung der Markteinführung, Kapitalakquise, Erfüllung der Regularien, ggf. klinische Studien
- **Markteinführungs- und Etablierungsphase:** Aufbau eines Vertriebsnetzes, Gewinn von Marktanteilen, ggf. Findung von Kooperationspartnern für den Vertrieb
- **Wachstumsphase:** Erweiterung des Absatzmarktes, Erweiterung des Produktportfolios, weitere Ausrichtung der Unternehmensstrategie

Bei der Entwicklung eines Medizintechnikprodukts sind zahlreiche Regularien zu erfüllen, die die Entwicklung der Marktreife verzögern können. In der Regel arbeitet der Gründer zu diesem Zeitpunkt noch alleine oder in einem kleinen Team, das häufig aus Kollegen des Hauptberufs des Gründers besteht. Das Team oder die Einzelperson muss sich mit der Regelung der Patentierung der Idee und einer ausführlichen Marktrecherche auseinandersetzen, die im Bereich der Medizintechnik sehr umfangreich sein kann.

Zu einem Zeitpunkt muss sich mit dem Thema Finanzierung auseinandergesetzt werden, da die Entwicklung von Medizinprodukten in der Regel einen hohen Investitionsbedarf mit sich bringt.

Unternehmen, die materielle Medizinprodukte fertigen und/oder vertreiben, müssen nach bestimmten Normen gemäß der Richtlinie 93/42/EWG [4] handeln.

Medizinprodukte werden in vier Risikoklassen unterteilt: I, IIa, IIb, und III. Des Weiteren wird Klasse I in Is (sterile Klasse-I-Produkte) und Im (Klasse-I-Produkte mit Messfunktion) unterteilt.

Beispiele für Produkte der Klassen gemäß Norm EN ISO 14971:2012 und Richtlinie 93/42/EWG sind in Tab. 5.2 aufgeführt. Weitere Informationen finden sich in dem MEDDEV-Dokument MEDDEV 2.4/1 [5].

Medizinprodukte brauchen ein CE-Zeichen, welches belegt, dass sie den grundlegenden Anforderungen der Richtlinie entsprechen. Hierfür muss der Hersteller ein vorgeschriebenes Konformitätsbewertungsverfahren durchlaufen. Außer für Klasse-I-Produkte muss dazu eine „Benannte Stelle (Notified Body)" hinzugezogen werden. Das entsprechende Verfahren ist aufwendig und zeitintensiv.

Nur die Medizinprodukte der Risikoklasse I (nicht Is und Im), also die unsteril sind und keine Messfunktion besitzen, werden vom Hersteller unter vollständiger Eigenverantwortung ohne eine Benannte Stelle mit einem CE-Zeichen ohne Kennnummer versehen.

Im Folgenden werden die notwendigen Schritte für die CE-Klassifizierung grafisch dargestellt [9] (Abb. 5.2, 5.3, 5.4, 5.5 und 5.6).

Insbesondere wenn für das Produkt klinische Studien notwendig sind, stellt der Gründer häufig fest, dass der Aufwand größer als geplant ist.

Für die Finanzierung müssen Geldmittel gefunden werden. Diese können aus eigenem Vermögen, von Bekannten, Verwandten und Sponsoren, Förderinstitutionen, von Finanzinstitutionen und Finanzmärkten (Venture Capital) kommen.

Hierfür bedarf es eines tragfähigen Konzepts in Form eines Businessplans. Die Unternehmensziele, die Art und Weise, wie diese erreicht werden sollen, und die dafür notwendigen Ressourcen sind darin ausführlich erläutert. Der Businessplan gilt als wichtiges Dokument, das möglichen Investoren vorgelegt wird.

**Tab. 5.2** Medizinprodukteklassifizierung gemäß Anhang IX der EU-Richtlinie 93/42/
EWG

| Klasse I | Klasse IIa | Klasse IIb | Klasse III |
|---|---|---|---|
| • keine methodischen Risiken<br>• geringer Invasivitätsgrad<br>• kein oder unkritischer Hautkontakt<br>• vorübergehende Anwendung ≤ 60 min | • Anwendungsrisiko<br>• mäßiger Invasivitätsgrad<br>• kurzzeitige Anwendungen im Körper (im Auge, intestinal, in chirurgisch geschaffenen Körperöffnungen)<br>• kurzzeitig ≤30 Tage, ununterbrochen oder wiederholter Einsatz des gleichen Produkts | • erhöhtes methodisches Risiko<br>• systemische Wirkungen<br>• Langzeitanwendungen<br>• nicht invasive Empfängnisverhütung<br>• langzeitig ≥30 Tage, sonst wie bei kurzzeitig | • besonders hohes methodisches Risiko<br>• langfristige Medikamentenabgabe<br>• Inhaltsstoff tierischen Ursprungs und im Körper<br>• unmittelbare Anwendung an Herz, zentralem Kreislaufsystem oder zentralem Nervensystem<br>• natürlich invasive Empfängnisverhütung |
| • Gehhilfen<br>• Rollstühle<br>• Patientenbetten<br>• Verbandmittel<br>• Wiederverwendbare chirurgische Instrumente | • Dentalmaterialien<br>• diagnostische Ultraschallgeräte<br>• Hörgeräte<br>• Kontaktlinsen<br>• Zahnkronen<br>• Muskel- und Nerven-Stimulationsgeräte | • Anästhesiegeräte<br>• Beatmungsgeräte<br>• Röntgengeräte<br>• Blutbeutel<br>• Defibrillatoren<br>• Dialysegeräte<br>• Kondome<br>• Kontaktlinsenreiniger<br>• Dentalimplantate | • Herzkatheter<br>• künstliche Gelenke<br>• Koronarstents<br>• resorbierbares chirurgisches Nahtmaterial<br>• Brustimplantate<br>• Herzklappen |

Die grobe Struktur eines Businessplans enthält eine Beschreibung

- des Produkts oder der Dienstleistung,
- der Unternehmensziele und der -strategien,
- der Branche und des Markts,
- der Unternehmensorganisation,
- der Finanzierung.

Auch müssen neben den Potenzialen die Risiken herausgearbeitet werden. Insbesondere für den letzteren Bereich muss sich mit der Kostenerstattung im Gesundheitswesen auseinandergesetzt werden.

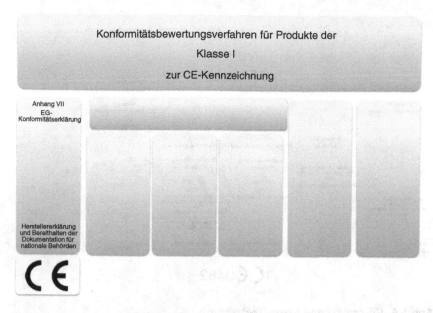

**Abb. 5.2** CE-Zertifizierung Klasse-I-Produkte

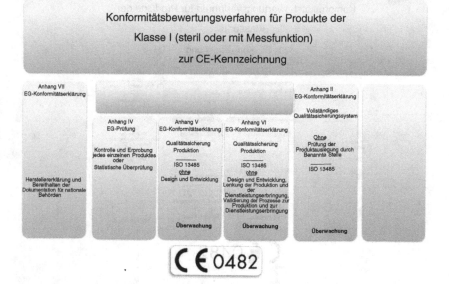

**Abb. 5.3** CE-Zertifizierung Klasse-Is- und Im-Produkte

**Abb. 5.4**   CE-Zertifizierung Klasse-IIa-Produkte

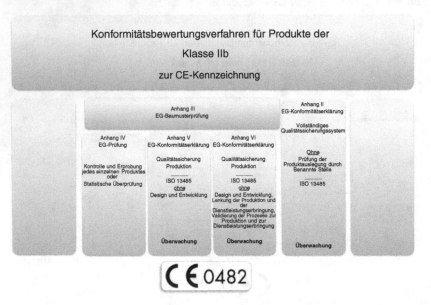

**Abb. 5.5**   CE-Zertifizierung Klasse-IIb-Produkte

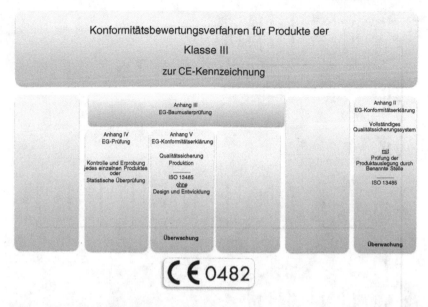

**Abb. 5.6**   CE-Zertifizierung Klasse-III-Produkte

In der Kostenkalkulation muss die Gewinnspanne aus Kosten und Umsätzen berechnet und beurteilt werden.

Wurde ein marktreifes Produkt entwickelt, ist der Aufbau einer Vertriebsstruktur erforderlich. Spätestens zu diesem Zeitpunkt werden Mitarbeiter eingestellt.

Da das Unternehmen noch klein ist, besteht es beispielsweise aus dem Gründer oder Gründerteam, die die Aufgaben der Unternehmensführung unter sich aufgeteilt haben. So gibt es zum Beispiel einen Geschäftsführer oder Chief Executive Officer (CEO), einen Buchhalter oder Chief Financial Officer (CFO), einen Logistik und Supply Chain Manager, einen Produktmanager, eine Vertriebsabteilung und eventuell schon eine Forschungs- und Entwicklungsabteilung sowie eine Personalmanagementabteilung. Kapitalgeber fordern die Einstellung eines Kaufmanns als Geschäftsführer in der Regel noch vor der Markteinführung innerhalb einer festgesetzten Zeitspanne.

Wenn die Markteinführung erfolgreich verläuft, wird irgendwann die Gewinnschwelle (Break-Even-Point) erreicht. Hier übersteigt der Gewinn die Kosten. Durch Reinvestition des Gewinns in die weitere Produktentwicklung wird die nächste Phase, die Wachstumsphase, vorbereitet.

Die Vorlaufzeit der Entwicklung von medizintechnischen Produkten ist sehr lang, sodass frühzeitig mit dem Ausbau des Produktportfolios begonnen werden muss. Innovationen sind notwendig, um das langfristige Überleben des Unternehmens zu sichern.

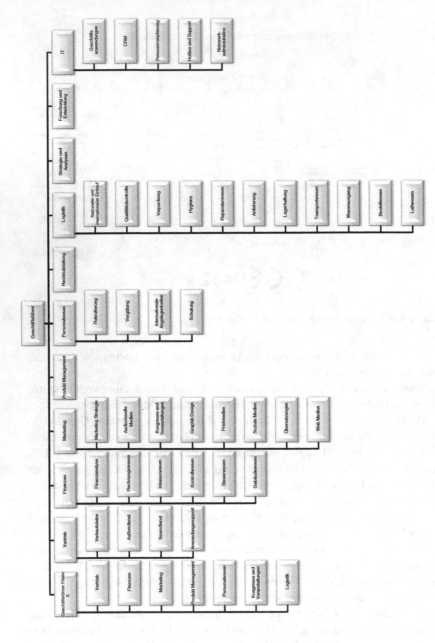

**Abb. 5.7** Beispielhafter Aufbau eines Medizintechnikunternehmens

Durch Re-Investition des Gewinns in Entwicklung und Ausbau des Personal-stamms kann auch der Besteuerung des Gewinns entgegengewirkt werden.

Auch erfolgt in der Wachstumsphase die Vergrößerung des Absatzmarktes. Hierfür müssen entweder Kooperationen mit nationalen Vertriebspartnern in den einzelnen Ländern eingegangen oder durch direkte Investition, in Form von Fili-alen mit eigenem Vertriebsteam, muss internationales Wachstum erzielt werden.

Nach Erreichen einer gewissen Größe des Unternehmens und mehreren Jahren des Bestehens kann die Unternehmensstruktur beispielsweise wie in Abb. 5.7 aussehen.

## 5.2 Beschreibung von Positionen in Abteilungen eines medizinischen Industrieunternehmens

Für Ärzte interessante Anfangspositionen finden sich in Vertrieb, Produktmanage-ment, Marketing, Forschung und Wissenschaft.

Daher soll im Folgenden näher auf den Aufbau der einzelnen Bereiche einge-gangen werden.

### 5.2.1 Vertrieb

Der Vertrieb ist in der Regel je nach Größe und Anforderung hierarchisch struk-turiert, mit Vertriebsleitern, Regionalleitern, Gebietsmanagern/Außendienst und regionalen oder überregionalen Supportleistern. Die Job-Titel variieren hier firmen-abhängig. Auch kann es für einzelne Produktgruppen eigene Vertriebsteams geben.

#### 5.2.1.1 Außendienst

Häufig wird der klassische Außendienstmitarbeiter in Deutschland als Vertreter bezeichnet, wobei eigentlich jeder Mitarbeiter einer Firma diese vertritt und somit selbst der Geschäftsführer ein Firmenvertreter ist.

Der Vertrieb ist Verkauf und in Deutschland hat ein Außendienstverkäufer meist zu Unrecht mit einem negativen Ansehen zu kämpfen, wenn er, pauschal gesagt, mit Vertretern von Drückerkolonnen und Staubsaugervertretern gleichge-setzt wird, die dem Kunden ihr Produkt aufschwatzen wollen, sei es nun zu des-sen Besten oder nicht.

Dieses Image wird dem Verkäufer gerade im Medizinbereich jedoch nicht gerecht.

Verkaufen ist eine der wichtigsten Tätigkeiten in einer funktionierenden Marktwirt-schaft, egal, wie frei oder sozial sie sein mag. (…) Verkaufen ist ein kreativer Akt zwischen mindestens zwei Menschen, bei dem am Ende für beide ein Mehrwert entsteht. (…) Verkäufer ist der Mittler zwischen Anbieter (Lieferant) und Nachfrager (Kunde). Er hat sich mit beiden ausgiebig beschäftigt, kennt sich aus und hilft proaktiv dem Kunden, eine Kaufentscheidung zu fällen. Ziel ist es, eine Win-Win-Situation herbeizuführen. (…) der Lieferant bekommt eine faire Gegenleistung = Geld, und der Kunde generiert einen Nutzen = Produktnutzen oder Dienstleistungsnutzen. (…) Eine Marktwirtschaft (…) benötigt diese Vermittler (Verkäufer), damit das System funktionieren kann [6].

In der Realität sind die meisten Verkäufer der Medizinbranche hoch ausgebildete Berater, die einen entscheidenden Beitrag zur Arbeit des Kunden leisten.

Kunden in der Medizinbranche können unter anderem Ärzte, Pflegepersonal, Krankenhäuser (Verwaltung, Einkauf) und Patienten sein.

Dem Kunden fehlt in der Regel die Zeit, sich ohne Hilfe umfassend zu informieren, welche Produkte es auf dem Markt gibt, was ihre Vorteile sind und wie sie das Arbeitsleben erleichtern. Lapidar gesagt, er hat nicht die Zeit herauszufinden, was er wirklich braucht, um gut oder besser arbeiten zu können.

Dies ist der erste Schritt, wo ein guter Verkäufer Hilfe leisten kann. In einem Gespräch mit dem Kunden stellt er – gut geschult – die richtigen Fragen und erkennt zusammen mit dem Kunden den Bedarf.

Dieser Wert eines Verkäufers wird auch deutlich, wenn – z. B. mit der Intention, sich einen neuen Anzug zu kaufen – in ein Geschäft gegangen wird und ein Verkäufer gebeten wird zu helfen. Ein sehr guter Verkäufer wird sich Zeit nehmen und versuchen, zusammen mit dem Kunden ein Persönlichkeitsprofil zu erstellen. Er wird z. B. fragen, welche Anzüge der Kunde schon hat, welche Farben er bevorzugt trägt, zu welchen Anlässen der Anzug getragen werden soll etc. Dies kann unter Umständen ein recht langes Gespräch sein, während dem der Kunde noch nicht einen Anzug gezeigt bekommen hat. Wenn es gut läuft und das Geschäft gut sortiert ist, führt das aber dazu, dass der Verkäufer am Ende dieser Bedarfsanalyse genau den Anzug aus der Auslage hervorzaubert, den der Kunde sich vorgestellt hat.

Ein mittelmäßiger Verkäufer wird nach ein paar wenigen Fragen nach der Größe und der Farbe einen Anzug nach dem anderen zeigen, und der Kunde verbringt die meiste Zeit damit, verschiedene Anzüge anzuprobieren. Ob mit einem solchen Ansatz der richtige Anzug gefunden wird, ist eher zufallsabhängig, und es ist wahrscheinlicher, dass der Kunde nach dem 10. Anzug genervt das Geschäft verlässt.

Ein schlechter Verkäufer wird dem Kunden den Katalog oder die Abteilung zeigen, wo die Anzüge aushängen und vorschlagen, der Kunde solle sich doch einen aussuchen.

Die Medizinbranche ist jedoch deutlich anspruchsvoller als ein Modegeschäft. Hier ist es notwendig, die zugrunde liegenden medizinischen Ansprüche zu verstehen, was häufig Wissen in den Bereichen Anatomie, Chemie und Biochemie, Arzneimittelwirkung, Physik, Mikrobiologie und Immunologie, Chirurgie, Innere Medizin, Neurologie, Radiologie, Anästhesie, Augenheilkunde etc. voraussetzt.

Die Mitarbeiter durchlaufen daher ein kontinuierliches Trainingsprogramm, um das Fachwissen zu erwerben und zu vertiefen. Auch erlernen sie in Verkaufsschulungen, die richtigen Fragen zu stellen und die Beratung so optimal auf den Kunden auszurichten, dass er wirklich einen Vorteil aus dem Gespräch zieht.

Häufig sind Verkäufer in der Medizinbranche auch Anwendungsspezialisten, die z. B. einem Arzt assistierend zur Seite stehen können, um ihm bei den ersten Anwendungen des Produkts zu unterstützen.

Für Ärzte, die in die Industrie wechseln wollen, ist die Position eines Verkäufers oder Medizinprodukteberaters natürlich sehr interessant, da sie die Erfahrung aus dem klinischen Alltag mitbringen und daher ein tiefes Verständnis für den Bedarf der Anwender haben. Auch können Ärzte bei der Anwendungsunterstützung auf ihre während der klinischen Tätigkeit erworbenen Fähigkeiten zurückgreifen und somit weiterhin ärztliche Tätigkeit ausüben. Das Beraten von Kollegen findet im ärztlichen Alltag ständig statt. Als Verkäufer kann der Arzt sich diese Beratungstätigkeit auch entsprechend entlohnen lassen. Gute Verkäufer in der Medizinbranche brauchen auch finanzielle Einbußen im Vergleich zu einem Arztgehalt nicht zu fürchten. Die Vergütung findet meist zumindest teilweise erfolgsabhängig statt und kann durchaus ein Oberarztgehalt erreichen.

Der Alltag eines Außendienstmitarbeiters ist sehr abwechslungsreich. Ein wichtiger Bestandteil seiner Tätigkeit ist die Planung und Organisation. Je nach Größe des Verkaufsgebiets, für das er zuständig ist, müssen die Fahrten zu Kunden so optimiert werden, dass sie möglichst vorteilhaft eingesetzt werden. Sogenannte Sternfahrten, bei denen der Außendienst von einem zentralen Punkt startet, um zu einem Kunden zu fahren, um dann wieder zum Ausgangspunkt zurückzukehren, von dem der nächste Kunde angefahren wird, sind nicht sehr effektiv. Deutlich besser sind Rundfahrten, doch müssen sie geplant werden, gegebenenfalls Unterkünfte gebucht und entsprechende Termine mit Kunden vereinbart werden.

Auch braucht der Außendienst Informationen, bei welchen Kunden sich eine Anfahrt lohnt und bei welchen eher weniger.

Hierfür hat sich ein System bewährt, das Kunden in A-, B- und C-Kategorien unterteilt.

**A-Kunden** haben ein hohes Potenzial und machen auch einen hohen Umsatz. Daher sind sie die wichtigsten Kunden.

**B-Kunden** haben zwar ein hohes Potenzial, aber machen noch nicht ausreichend Umsatz, um sie als A-Kunden zu klassifizieren. Mit entsprechender Zuwendung durch den Außendienstmitarbeiter kann es jedoch sein, dass der Umsatz so wächst, dass sie zu A-Kunden werden.

**C-Kunden** haben weder hohes Potenzial noch einen hohen Umsatz. Hier ist ein proaktiver Ansatz des Außendiensts nicht Gewinn versprechend. Er wird hier eher reaktiv auf Kundenanfragen reagieren, jedoch nicht selbstständig auf den Kunden zugehen, da die Zeit für die Betreuung von A- und B-Kunden besser investiert ist.

Die ABC-Klassifikation folgt meistens der Pareto-80/20-Regel. 20 % der Kunden sind A-Kunden, generieren aber ca. 75 % des Umsatzes. Die übrigen 80 % der Kunden sind B- oder C-Kunden, meist mit der folgenden Verteilung: 35 % sind B-Kunden, die ca. 20 % des Umsatzes ausmachen, und 45 % sind C-Kunden, die für 5 % des Umsatzes verantwortlich sind.

Diese Informationen kann der Außendienst aus Potenzialanalysen beziehen, die durch Auswertung von öffentlich zugänglichen oder gewerblich angebotenen Analysen gewonnen werden.

Je nach Größe des Unternehmens erhält der Außendienst Unterstützung von Abteilungen, die für die Vertriebsstrategie zuständig sind.

Aufgrund der Gebietsanalyse plant der Außendienst seine Kundenbesuche und bereitet sich auf den/die Kunden vor. Hierzu sucht er unter Zuhilfenahme aller verfügbaren Medien Informationen über den Kunden. Dazu zählt:

- Persönliches über den/die Gesprächspartner
- Geschäftliches über das zu besuchende Unternehmen, wie zum Beispiel
  - Unternehmensstruktur
  - Kunden des Kunden
  - Preisniveauinformationen
  - Kostenstruktur
  - Image
  - Fürsprecher
  - Potenzial
    Kontakthistorie

Für den letzten Punkt Kontakthistorie haben viele Unternehmen eine IT-Lösung etabliert, die sich CRM (Customer Relationship Management) nennt.

Hier werden sämtliche Kundendaten (inklusive Potenzial und Umsatzzahlen) und Kontakte dokumentiert. Häufig gibt es auch mobile Anbindungen für das Smartphone oder Tablet, womit der Außendienst unter geringem Aufwand die Kundenbesuche dokumentieren kann.

Die Vorbereitung und Planung findet in der Regel an Bürotagen statt, an denen der Außendienst nicht unterwegs ist. An diesen Tagen fertigt der Mitarbeiter Analysen zu Umsatzentwicklung und laufenden Projekten an, die dann an den Vorgesetzten übermittelt und gegebenenfalls im Rahmen von Gebietsanalysen mit ihm besprochen werden.

Einen Großteil der Arbeitszeit verbringt der Außendienst tatsächlich draußen bei Kunden. Diese Tätigkeit umfasst die Betreuung bestehender Kunden, sei es auch nur zu einem Besuch, um die Beziehung zu pflegen oder über Neuerungen zu informieren. Zur Einführung neuer Produkte beim Kunden ist er gegebenenfalls vor Ort, um bei der Erstanwendung zu unterstützen. Geplant oder bei Gelegenheit stellt er sich und die Firma neuen Kunden vor und versucht in einem Verkaufsgespräch den Bedarf für und mit dem Kunden zu erkennen und Vorschläge zu unterbreiten, wie dieser Bedarf erfüllt werden kann.

Ein wesentlicher Schritt, der jedoch in seiner Wichtigkeit nicht höher eingeschätzt werden soll als die anderen Bestandteile eines Verkaufsgesprächs, ist der Geschäftsabschluss. Natürlich ist dieser Schritt für den Verkäufer insofern der wichtigste, als er hierauf in dem Verkaufsgespräch hingearbeitet hat. Doch wenn die vorherigen Schritte des Verkaufsgesprächs nicht als gleich wichtig angesehen werden, wird dieser Punkt wahrscheinlich deutlich seltener erreicht werden.

Der Abschluss ist wahrscheinlich der Punkt, der mitunter etwas anrüchig erscheinen mag, denn, so heißt es, „der Verkäufer will ja nur den Abschluss erreichen". Das ist zwar auf der einen Seite richtig, auf der anderen ist es aber genau das, was normalerweise auch der Kunde will. Ein Abschluss bedeutet für den Kunden, wenn der Verkäufer die Verkaufsethik eingehalten hat, dass er *die* Lösung für sein Problem bekommt, die für ihn die beste ist.

Zur Verkaufsethik gehören ein ehrliches Interesse daran, was der Kunde wirklich braucht, und eine Abstinenz des Verkäufers von dem Geschäft, wenn der Kunde vom Kauf nicht profitiert [6].

Daher ist der Abschluss auch nicht der wichtigste Schritt, sondern gleich wichtig wie der Rest des Verkaufsgesprächs.

In Verkaufsschulungen können verschiedene Verkaufsgesprächsstrategien erlernt werden, eine davon wurde bereits zitiert.

Diese beschreibt die Stufen des Verkaufsgesprächs wie folgt [6]:

- Einstimmung auf sich und den Kunden
- Besuchsvorbereitung
- Gesprächseinstieg
- Bedarfserhebung

- Präsentation
- Umgang mit Einwänden und Vorwänden
- Abschluss
- Nachbetreuung

Damit ein Verkäufer alle Stufen optimal mit dem Kunden zusammen durchlaufen kann, benötigt er drei Fähigkeiten:

- Sympathie/Empathie
- Fachkompetenz
- Abschlussstärke

Um vom Kunden als Berater akzeptiert zu werden und ihm wirklich helfen zu können, muss sowohl der persönliche *(Sympathie/Empathie)* als auch der fachliche Bereich *(Fachkompetenz)* stimmen. Beides zusammen oder einzeln hilft aber weder dem Kunden noch dem Verkäufer, wenn Letzterer den Kunden nicht unterstützt, auch noch den letzten Schritt, den Abschluss, zu machen *(Abschlussstärke)*.

Ansonsten haben beide nur ein nettes Fachgespräch gehabt, ohne Ergebnis.

Es gibt viele verschiedene Möglichkeiten, wie der Kunden unterstützt werden kann, das Produkt, für welches er sich nach der Beratung entschieden hat, auch zu kaufen. Eine davon klingt sehr einfach, kann aber im Rahmen eines sinnvoll genutzten Verkaufsgesprächs ausschlaggebend sein.

Der Verkäufer muss, nachdem er für sich selber entschieden hat, dass die erarbeitete Lösung für den Kunden die beste ist, diesen fragen, ob er das Produkt kaufen möchte, und ihm danach Zeit geben zu antworten.

Das liest sich sehr einfach, aber aus persönlicher Erfahrung lässt sich anführen, dass dieser Schritt nicht selten ausbleibt.

Eine weitere Aufgabe des Außendienstes ist die Präsenz auf Messen und Kongressen, um hier Kundenanfragen zu betreuen. Dies kann auch zur fachlichen Weiterbildung genutzt werden, zum Beispiel durch den Besuch von Vorlesungen, die parallel zur Industrieausstellung stattfinden.

### 5.2.1.2 Kosten des Außendienstes

Der Außendienst ist der teuerste, aber auch wirksamste Weg, um Kunden Botschaften zu vermitteln.

Für die Kosten pro Kontakt im medizinischen Außendienst lässt sich für Deutschland die folgende Rechnung aufstellen [10]:

| Anzahl Außendienstmitarbeiter Deutschland | 12.000 |
| Durchschnittliche Kosten pro Außendienstmitarbeiter | 100.000 € |
| Daraus resultierende Gesamtkosten für Außendienst | 1.200.000.000 € |
| Arbeitstage | 200 |
| Anzahl besuchte Ärzte pro Tag | 6 |
| Anzahl Arztkontakte gesamter Außendienst | 14.400.000 |
| Kosten pro Arztkontakt (Gesamtkosten/Arztkontakte) | ~83 € |

Die Kosten können natürlich je nach Besuchsfrequenz variieren. Außendienstbesuche können teilweise sehr kurz sein und nicht immer ist es möglich, auch den Arzt/Entscheider zu treffen. Dennoch sind sie eine der besten Möglichkeiten, um das Interesse des Entscheiders zu gewinnen. Besuche des Außendienstes werden als Service des Unternehmens häufig geschätzt, da die Ärzte dessen Hilfe bei Problemstellungen ohne großen Aufwand in Anspruch nehmen können. In der Medizintechnik können sich zumindest in Deutschland Außendienstmitarbeiter am OP mit einwaschen und steril beim Instrumentieren der Produkte assistieren.

### 5.2.1.3 Produktspezialisten/Trainer
Bei vielen Firmen gibt es auch einen Support für den Außendienst, der sich lediglich auf die Anwendung und die Nachbetreuung konzentriert, um dem Außendienst mehr Zeit für Gebietsplanung, Organisation, Kundenanfragen, Bestellungsorganisation und Kundenbesuche zu geben.

Produktspezialisten sind in der Regel mindestens so gut ausgebildet (wenn nicht besser) wie der Außendienst und verfügen häufig über langjährige Erfahrung, da sie meist selber im Außendienst gearbeitet haben. Auch Produktspezialisten haben eine hohe Reisetätigkeit, die vielleicht noch höher als beim Außendienst ist, da in der Regel ein größeres Gebiet abzudecken ist.

Die Reiseplanung benötigt hingegen meist weniger Organisationsaufwand, da Produktspezialisten eher auf konkrete Anfragen reagieren und daher die Reiserouten etwas weniger strategisch planen müssen.

Auch führen Produktspezialisten regelmäßig Produkt- und Verkaufstrainings für Mitarbeiter durch. Selbstverständlich bedeutet dies, dass sie sich stets auch selber fachlich weiterbilden müssen.

### 5.2.1.4 Verkaufsleitung
Berufliche Entwicklungsmöglichkeiten eines Verkäufers im Bereich Vertrieb können neben der Position eines Produktspezialisten zum Beispiel verschiedene hierarchische Positionen der Verkaufsleitung sein.

Die Hierarchie der Verkaufsleitung orientiert sich meist an der Größe der zu betreuenden Gebiete und der Anzahl der Mitarbeiter, die an den Verkaufsleiter berichten. In der Regel haben Leiter im Verkauf/Vertrieb eigene Vertriebserfahrungen als Außendienst und sind daher nicht nur mit betriebswirtschaftlichen Aspekten des Vertriebs vertraut, sondern verfügen auch über ein tiefes Produkt- und Marktverständnis.

Die Führungsaufgaben liegen sowohl in der Umsetzung der strategischen Vorgaben des Unternehmens als auch in der Entwicklung und Etablierung eigener Strategien in Zusammenarbeit mit dem Außendienst. Hierfür ist eine häufige Präsenz zum Beispiel durch Mitfahrten mit dem Außendienst erforderlich. Auch sind sie mitverantwortlich für Verkaufstrainings und die Überprüfung der Umsetzung des Erlernten.

Ein Großteil der Zeit wird für das Controlling des Gebiets und der zugehörigen Mitarbeiter verwendet. Dies erfolgt zum Beispiel durch Auswertung von Umsatzzahlen, die wiederum von der Finanzabteilung aufbereitet und zur Verfügung gestellt werden.

Diese Berichte enthalten unter Umständen auch Auswertungen dazu, welche Produkte in welcher Stückzahl an welche Kunden verkauft wurden, und können nach Gebiet oder Außendienstmitarbeiter sortiert werden. Ferner geben sie Auskunft über das Umsatzwachstum bezogen auf einen bestimmten Zeitraum und den Vergleich des Umsatzes mit der Vorhersage oder dem Planungsbudget. Eine Gegenüberstellung mit aktuellen Kundenprojekten gibt darüber Aufschluss, wie die Projekte laufen bzw. wie gut die Produkte vom Kunden angenommen werden.

Auch ist es die Aufgabe des Verkaufsleiters, zusammen mit den Mitarbeitern Umsatzvorhersagen zu erstellen. Werden hier große Änderungen insbesondere im Verkauf einzelner Produkte erwartet, muss das Produktmanagement informiert werden, damit die Lagerhaltung an die Änderungen angepasst werden kann, um entweder den Lagerbestand zu verringern, damit Kosten gespart werden, oder zu erhöhen, um nicht in Lieferschwierigkeiten zu geraten.

Strategische Entscheidungen, die ein Verkaufsleiter trifft, können zum Beispiel sein, dass sich der Außendienst vermehrt auf eine Produktgruppe konzentrieren oder bestimmte Kunden vermehrt besuchen soll. Auch kann er die Verkaufsgebiete der Außendienstmitarbeiter optimieren, falls hier Bedarf besteht. Eine Gebietsverkleinerung führt zu einer höheren Besuchsfrequenz des Außendiensts bei einzelnen Kunden. Dies kann sinnvoll sein, wenn durch die höhere Besuchsfrequenz mehr Umsatz generiert wird. Letztendlich sinkt bei einer Gebietsverkleinerung der Umsatz pro Außendienst, da in der Regel eine weitere Person eingestellt werden muss, um einen Teil des vorher größeren Gebiets zu übernehmen. Daher müssen diese Mehrkosten für den zusätzlichen Mitarbeiter inklusive Dienstfahrzeug durch entsprechendes Umsatzwachstum kompensiert werden.

Der Verkaufsleiter ist auch für die Festlegung der Rabattstrategie verantwortlich. Beim Rabattwunsch eines Kunden kann er dem Außendienst bis zu einem bestimmten Rabattsatz die Freiheit einräumen, selbstständig zu entscheiden. Geht der Rabattwunsch darüber hinaus, muss abgewogen werden, ob die Umsatzerwartung einen derartigen Rabatt rechtfertigt, ohne Verlust zu machen. Die Entscheidung liegt in der Regel beim Verkaufsleiter.

Die Einstellung neuer Mitarbeiter und die Führung von Bewerbungsgesprächen ist eine weitere Aufgabe. Diese erfolgt meist in Zusammenarbeit mit der Personalabteilung.

## 5.2.2  Produktmanagement

Der Produktmanager ist die Schnittstelle zwischen den verschiedenen Abteilungen, insbesondere Vertrieb, Marketing, Schulung sowie Forschung und Entwicklung. Er koordiniert die Entwicklung und Einführung neuer Produkte, organisiert notwendiges Marketingmaterial, legt fest, auf welchen Kongressen mit welcher Strategie aufgetreten wird, achtet darauf, dass Produkte in der Supply-Chain-Management-Software korrekt aufgeführt sind, erstellt Vorhersagen, basierend auf der Rückmeldung des Vertriebs für Produktabsätze etc.

Um die Aufgaben eines Produktmanagers besser beschreiben zu können, begleiten wir im Folgenden ein Produkt von der Entwicklung bis zur Vermarktung.

Ähnlich wie bei der Gründung eines Start-up-Unternehmens steht am Anfang eine Produktidee.

Diese kann zum Beispiel von außen, also durch einen Kunden oder den Außendienst, kommen oder von innen, durch zum Beispiel Marktanalysen, Probleme mit einem bestehenden Produkt, finanzielle Aspekte oder aus anderen internen Quellen.

Diese Idee muss zunächst evaluiert werden. Hierfür muss sich der Produktmanager passende Marktzahlen beschaffen, die Durchführbarkeit der Idee ermitteln, die Entwicklungskosten abschätzen. In der Regel muss er eine Präsentation für ein internes Meeting vorbereiten, in dem entschieden wird, ob die Idee entwickelt wird. Hierfür kann es auch notwendig sein, einen kompletten Businessplan zu erstellen. Häufig ist bei der Entscheidung ein Komitee aus der höchsten Führungsebene der Abteilungen Geschäftsführung, Forschung und Entwicklung, Finanzen und Produktmanagement beteiligt.

In dem Entscheidungsprozess wird nicht nur geklärt, ob die Idee umgesetzt wird, sondern auch, über welche Wege das betreffende Produkt hergestellt wird. Mögliche Formen sind:

- Eigene Herstellung in firmeneigenen Werken
- OEM (Original Equipment Manufacturer, Erstausrüster). Dies betrifft Produkte oder Komponenten, die von einem Hersteller produziert, aber durch eine andere Firma vertrieben werden. Das Label des Originalherstellers verbleibt auf dem Produkt und es finden auch keine Modifikationen am Produkt durch die vertreibende Firma statt.
- Private Label (Eigenmarke). Diese Produkte oder Komponenten werden ebenfalls von einem OEM-Hersteller eigenverantwortlich und nach eigenen Designvorgaben produziert, aber von der Vertriebsfirma mit eigenem Label versehen und gegebenenfalls modifiziert.
- Turnkey-Produkte („Schlüsselfertig-Produkte"). Diese Produkte oder Komponenten werden nach Designvorgaben der Vertriebsfirma von externen Herstellern produziert. Auch das Label der Vertriebsfirma ist auf den Produkten entweder als Hersteller oder „Hergestellt für *Vertriebsfirma* von *Hersteller*" vorhanden.

Wurde das Projekt genehmigt, müssen diverse Formulare unterzeichnet werden und in der Dokumentenkontroll-Abteilung vorgelegt werden. Es wird eine Design-History-File(DHF)-Nummer vergeben. Anschließend legt der Produktmanager eine Verkaufsvorhersage in einem offiziellen Dokument ab, anhand derer Produkteinkauf und Vertrieb geplant werden können. Diese Planung wird an die Einkaufsabteilung weitergeleitet.

Der Produktmanager beruft ein Design Team Meeting ein, um das Produktdesign zu klären.

Damit ist die erste Phase des Produktentwicklungsprozesses abgeschlossen.

Die Produktentwicklung durchläuft verschiedene Phasen. In der Medizintechnik sind dies fünf, in der Pharmaforschung mehr Phasen, da hier z. B. noch die präklinische Forschung hinzukommt.

Der Vollständigkeit halber wird im Folgenden eine grobe Übersicht der Schritte der Pharmaforschung aufgezeigt:

- Präklinische Forschung
  - Wirkstoffsuche
  - Präklinische Prüfung neuer Wirkstoffe
- Herstellung von Prüfpräparaten
- Klinische Forschung

- Phase 0. Unter-Wirkschwellen-Testung an gesunden Freiwilligen.
- Phase I. Erste Anwendung am Menschen an gesunden Freiwilligen und teilweise am Patienten (Zytostatika) mit steigender Dosierung unter Monitorbedingungen.
- Phase II. Studien für die Zulassung und erster Nachweis medizinischer Wirksamkeit am Patienten. Suche nach der optimalen Dosis.
- Phase III. Große klinische vergleichende Studien, häufig mit mehreren tausend Patienten über mehrere Jahre.
- Zulassung und Phase IV. Sämtliche klinischen Studien nach Markteinführung.

Diese Schritte müssen vom Produktmanager mitbetreut werden.

In der Medizintechnik sind die Phasen der Produktentwicklung:

- Phase I
  - Einreichen des Entwicklungsantrags und Genehmigung
  - Initiales Design Meeting
- Phase II
  - Erstellung eines Zeitplans
  - Designeingaben inklusive Anlage neuer Katalognummern
    Anlage neuer Katalognummern
    Zulassungsvoraussetzungen für CE und FDA
    Materialbeschaffenheit und Bio-Verträglichkeit
    Patienten- und Anwenderbelange
    Diagnostische/therapeutische Belange
    Klinische Effektivitätsvorgaben und Anwendererwartung
    Labeling-Vorgaben
    Sicherheit inklusive biologische Sicherheit
    Training
    Wartung, Reparatur und Servicevorgaben
    Leistungsvorgaben und Wettbewerbsvergleich
    Funktionale Vorgaben
    Sterilisationsmethoden
    Verpackung und Lagerhaltung
    Spezielle Herstellungsüberlegungen inklusive Durchführbarkeit und Prozesskompatibilität
    Anzuwendende nationale und internationale Standards
  - Problemauswertung vergleichbarer Produkte anhand eigener Problemmeldungsanalysen und anhand einer Auswertung der FDA und anderer Quellen

wie in „BfArM-Database for Manufacturer Corrective Actions" oder „Health Canada Database for Recalls and Alerts – Medical Devices" veröffentlichten Berichten über vergleichbare Produkte

– Risikoanalyse (nicht für OEM- oder Private-Label-Produkte). Hierbei werden die Risiken u. a. anhand der folgenden Kategorien beurteilt:

Energiegefahren

Anwendungsgefahren

Biologische und toxikologische Gefahren

Wiederverwendungsgefahren

Gefahren im Patientenumfeld

Messungsgefahren

Kompatibilität mit anderen Gegenständen

Installationsgefahren

Gefahren durch den menschlichen Faktor

– FMEA (Failure Mode and Effects Analysis, Fehlermöglichkeits- und -einfluss Analyse). Hierbei werden mögliche Produktfehler hinsichtlich der Bedeutung für den Kunden, ihrer Auftretenswahrscheinlichkeit und ihrer Entdeckungswahrscheinlichkeit bewertet.

– Initiale Designzeichnung

– Initiale Testungen

– Abschließendes Phase-II-Meeting

- Phase III
  – Produktion von Prototypen oder einer ersten Charge
  – Inspektion und Testung
  – Einreichen der Zulassungsdokumente
  – Anwendungstest und Kundenevaluierung
  – Validierung der Verpackung
  – Validierung der Sterilisation
  – Anpassung von Designänderungen
  – Abschließendes Phase-III-Meeting
- Phase IV
  – Endgültige Freigabe der Zeichnungen
  – Finale Komponentenliste
  – Finale Testungen, Festlegung der Inspektionsmethoden, Standards und Akzeptanzkriterien
  – Finales Design Meeting
- Phase V
  – Weiterentwicklung nach Markteinführung

Diese Auflistung soll lediglich einen Eindruck verschaffen, welche Schritte ein Produkt in der Medizintechnik durchlaufen kann. In anderen Bereichen wie z. B. der medizinischen Softwareentwicklung kann der Entwicklungsprozess anders ablaufen. Dennoch sind auch hier viele Schritte inklusive Testung, Risikoanalyse etc. ähnlichen Vorgaben unterzogen. Auch gibt dies einen Einblick in die Tätigkeit der Abteilung Forschung und Entwicklung bzw. Engineering, da bei diesen Abteilungen die Hauptarbeit liegt.

Das Produktmanagement ist zwar in die meisten Schritte nur kooperativ involviert, dennoch liegt insbesondere bei Designfragen und der Kundenevaluierung die Verantwortung beim Produktmanager.

Parallel zur Entwicklung bereitet der Produktmanager die Markteinführung vor. Je nach Größe der Firma und der Verfügbarkeit von Ressourcen in der Marketingabteilung muss er entsprechende Broschüren und Informationsmaterial alleine oder in Zusammenarbeit mit der Marketingabteilung erstellen.

Der Vertrieb muss geschult werden. Dies erfolgt entweder über eine eigene Schulungsabteilung, die das Schulungsmaterial vom Produktmanager benötigt, oder direkt über den Produktmanager selbst.

Bei der Markteinführung versucht der Produktmanager, Feedback von den Anwendern zu erhalten, was bedeutet, dass er die Kunden gegebenenfalls zusammen mit dem Außendienst besucht.

Ergibt es sich, dass Änderungen am Produkt notwendig sind, müssen diese durch den Produktmanager initiiert werden. Bei Produktänderungen ist der Aufwand zwar geringer als bei Neuentwicklungen, aber auch diese durchlaufen verschiedene Schritte.

In der Regel ist ein Produktmanager für ein ganzes Produktportfolio zuständig, sodass mehrere Produktentwicklungen parallel laufen können.

Aktuelle Verkaufszahlen der Produkte werden von ihm kontrolliert und auf notwendige Maßnahmen in Form von Anpassung der Vorhersagen, Kommunikation mit Lager und Logistik oder Vertrieb etc. überprüft.

Auch wenn der Vertrieb in der Regel produkttechnischen Support durch Produkttrainer, Innendienst und die Schulungsabteilung hat, ist der Produktmanager für alle Fragen, die durch Vorgenannte nicht beantwortet werden können, der Ansprechpartner.

Des Weiteren benötigt ein Produktmanager ein Kundennetzwerk, das er aufbauen, pflegen und erweitern muss. Über dieses kann er sich z. B. leichter notwendige Informationen aus dem Markt beschaffen, den Vertrieb unterstützen oder Kunden aus dem Netzwerk einladen, um als Anwender Andere zu schulen.

Auch wenn ein Großteil der Arbeit im Büro stattfindet, ist doch auch eine hohe Reisetätigkeit erforderlich.

### 5.2.3   Marketing

Marketing ist ein Unternehmensbereich, der die Aufgabe hat, Produkte oder Dienstleistungen so zum Verkauf anzubieten, dass sie vom potenziellen Kunden als wünschenswert angesehen und gekauft werden. Der Verkauf findet in der Regel durch Verkäufer statt. Marketing sorgt dafür, dass der Verkauf möglichst leicht und unter Erfüllung des Kundenbedarfs erfolgen kann.

In jüngerer Zeit wurden verschiedene Definitionen von Marketing entwickelt. Sie werden als aktivitätsorientierte, beziehungsorientierte, führungsorientierte und integrative Definitionen [7] bezeichnet.

Sie unterscheiden sich im Herangehen an das Ziel des Marketings (Ermöglichung des Verkaufs).

Beim aktivitätsorientierten Marketing stehen Unternehmensaktivitäten stärker im Vordergrund, wie z. B. der klassische Marketingmix (Produkt, Preis, Vertriebswege, Promotion).

Beziehungsorientiertes Marketing ist eine Ergänzung des aktivitätsorientierten Marketings und strebt die Etablierung einer Kundenloyalität durch effektives Beziehungsmanagement an.

Führungsorientiertes Marketing versteht Marketing nicht als eine eigene Abteilung, sondern als Teil der Verantwortung der Unternehmensführung, sodass die unternehmensinternen Rahmenbedingungen auf Marketing ausgerichtet sind.

Integratives Marketing beschreibt externes und internes Marketing. Ersteres sind alle Aktivitäten wie Informationsgewinnung über den Markt und Gestaltung des Vermarktungskonzepts (Marketingmix), Kundenbeziehungspflege. Letzteres schafft die Voraussetzungen für ein erfolgreiches externes Marketing. Dies umfasst Aspekte wie Logistik, Schulung, Corporate Identity etc.

Die genannten Aspekte zeigen, dass die Aufgaben eines Marketingmanagers je nach Firma und Firmenreife vielgestaltig sind und von reinen Marktanalysen bis zur Anwendung des Marketihgmixes und seiner Integration in die verschiedensten strategischen und operativen Bereiche eines Unternehmens reichen können.

### 5.2.3.1  Beschreibung von Märkten

Um in einen Markt einsteigen zu können, muss er erkundet worden sein. So lässt sich ein Markt z. B. durch verschiedene Kennzahlen beschreiben.

Das **Marktpotenzial** stellt eine theoretische Umsatzgröße dar. Hierfür wird z. B. die Anzahl der benötigten Produkte im Markt mit dem durchschnittlichen Verkaufspreis pro Produkt multipliziert. Daraus ergeben sich Hinweise, wie attraktiv ein Markt ist.

Die **Marktkapazität** ist die theoretische Maximalgröße des Marktes. Da Preise und Kaufkraft nicht berücksichtigt werden, ist der Aussagewert jedoch beschränkt.

Das **Marktvolumen** gibt an, wie viel Umsatz im Markt tatsächlich umgesetzt wurde. Das Verhältnis zwischen Marktvolumen und Marktpotenzial wird als **Marktsättigung** bezeichnet und gibt Aufschluss über ein mögliches Marktwachstum.

$$\text{Marktsättigung} = \frac{\text{Marktvolumen}}{\text{Marktpotenzial}} \times 100\,\%$$

Der **Marktanteil** beschreibt den Anteil des eigenen Unternehmens am Umsatz im Markt. Er wird in der Regel in Prozent angegeben. Ein **Marktführer** hat den größten Marktanteil verglichen mit anderen Unternehmen.

Die **Marktausdehnung** beschreibt die räumliche Ausdehnung (regional, national, international) des Marktes.

Die **Marktsegmentierung** ist die Aufteilung eines Marktes in Untergruppen, aus denen dann Zielgruppen bestimmt werden. So können z. B. die Kunden in einem BTC(Business to Customer)-Markt nach Lebensalter oder im BTB(Business-to-Business)-Markt nach Unternehmensgröße segmentiert werden.

### 5.2.3.2 Vertrieb und Marketing

Marketing und Vertrieb sind miteinander verwandt. Jedoch besteht folgender Unterschied:

- Der Vertrieb betreut einzelne Kunden, das Marketing zielt auf Märkte und Kunden in ihrer Gesamtheit.
- Der Vertrieb bringt die Produkte zum Kunden. Das Marketing bringt die Kunden zum Produkt (Philip Kotler).

Je nach Firma sind Marketing und Vertrieb mehr oder weniger eng miteinander verbunden. Da jedoch beide dasselbe erreichen wollen, nämlich den Absatz der Produkte, ist eine gute Kooperation von Vertrieb und Marketing wichtig. Diese ist der einschlägigen Managementliteratur zufolge allerdings nicht naturgegeben [8].

In kleinen Unternehmen wird das Marketing vom Produktmanagement und/oder vom Vertrieb übernommen. Gelegentlich werden auch externe Dienstleister beauftragt. Daher gibt es noch keine wirkliche Unterscheidung zwischen Marketing und Vertrieb. Jeder macht ein bisschen Marketing.

Wächst das Unternehmen oder die Abteilung, wird auf das Marketing ein stärkerer Fokus gelegt und hierfür eigenes Personal angestellt. Es entlastet das

Produktmanagement und den Vertrieb, indem es Informationen über den Markt beschafft, um dann die besten Märkte und Verkaufskanäle zu bestimmen und Motive und Einflussfaktoren für Kunden zu erkennen. In Zusammenarbeit mit externen Dienstleistern werden Marketingmedien erstellt, um effektivere Werbung zu machen. Hierzu zählen z. B. Broschüren, Newsletter, Messen und Internetauftritte. In diesem Stadium ist Marketing eine Ergänzung des Vertriebs.

Im Laufe der Entwicklung des Unternehmens wächst die Marketingabteilung weiter an Aufgaben und konzentriert sich auch auf Marktsegmentierung, Käuferzielgruppensondierung und Markenpositionierung. Hierbei kann es sein, dass Marketing und Vertrieb überlappende Funktionen beinhalten, sich die Ziele unter Umständen jedoch etwas unterscheiden. Um dem vorzubeugen, ist eine gute Kooperation zwischen Marketing und Vertrieb wichtig. Nachfolgend werden einige mögliche „Berührungspunkte" für gute Zusammenarbeit vorgestellt:

- Es kann vorkommen, dass der Vertrieb stärker kurzfristige Gelegenheitsverkäufe favorisiert, während das Marketing dem Vertrieb eine eher nachhaltige Verkaufsfokussierung nahelegen möchte.
- Bei der Preisfindung wird das Marketing einen marktorientierten Preis für ein Produkt finden, „den" der Vertrieb dann verkaufen soll. Der Vertrieb wünscht sich jedoch eher einen Preis „über den" er das Produkt verkaufen kann. Da der Vertrieb das letzte Wort zum finalen Transaktionspreis an den Kunden hat, kann das Marketing meist lediglich eine Preisempfehlung als Verhandlungsgrundlage aussprechen.
- Wichtig ist auch eine gute Zusammenarbeit von Vertrieb und Marketing bei Verkaufsaktionen. Plant das Marketing zum Beispiel eine Werbekampagne, sollte dies mit dem Vertrieb synchronisiert abläuft. Auch umgekehrt kann es sein, dass der Vertrieb eine bestimmte Produktgruppe für einen bestimmten Zeitraum fokussiert hat. Dies sollte das Marketing durch aktive Werbemaßnahmen unterstützen.

Letztendlich liegt eine wesentliche Aufgabe eines Marketingmanagers in der Harmonisierung von Marketing und Sales. Idealerweise sind die Grenzen zwischen beiden Bereichen fließend und beide Funktionen arbeiten ineinander integriert – insbesondere was strategische und zukunftsorientierte Fokussierung betrifft. Marketingmanager sind zusammen mit dem Vertrieb in das Key Account Management involviert, es herrscht eine „Gemeinsam sind wir stark"-Mentalität vor. Es findet regelmäßige Kommunikation zwischen Marketing und Vertrieb statt und in Kooperation mit den Verkäufern auch eine Präsenz von Marketingmanagern beim Kunden. Dies dient nicht nur dazu, Feedback aus dem Markt zu bekommen, sondern auch dazu, Kunden bessere Lösungen anbieten, da Marketingmanager meist in die verschiedenen Funktionen einer Firma (Produktenwicklung, Schulung, Finanzen etc.) stärker eingebunden sind als die Verkäufer. Bei der Erstellung von Marketingplänen, Kundenprojektplanungen oder Produktneuentwicklungen arbeiten Marketing und Vertrieb zusammen, sodass von beiden Seiten Input gegeben werden kann.

### 5.2.3.3  Strategische Aspekte im Marketing

In einem Markt sollte die Orientierung stets auf die drei wichtigsten Akteure gerichtet sein: die Kunden, den Wettbewerb und das eigene Unternehmen. Wie diese Orientierung in der Praxis aussieht, hängt von verschiedenen Rahmenbedingungen ab. Dennoch lautet eine Empfehlung, so viel persönlichen Kontakt wie sinnvoll und möglich mit zumindest den Kunden und den Mitarbeitern des eigenen Unternehmens, unabhängig von deren Position, zu pflegen.

Der **Wert eines Kunden** besteht nicht nur in dem Wert, der durch die einzelnen Transaktionen mit diesem Kunden erzielt wird, er liegt vielmehr auch in möglichen Kundenempfehlungen, die nicht hoch genug einzuschätzen sind. Somit wurden Formeln geschaffen, um den wahren Kundenwert (Customer Lifetime Value – CLV) zu bestimmen. In der Praxis ist dieser Wert jedoch trotz Formeln schwer zu beziffern, dennoch erscheint es sinnvoll, diesen Gedankenansatz darzustellen. Einer der größten Verluste für ein Unternehmen stellt das Abwandern eines guten Kunden dar. Andere Ursachen für Verluste, wie unerwartete Mehrkosten oder Nichterreichen von Umsatzzielen, werden in der Regel schnell erkannt und aus den Fehlern kann gelernt werden. Hingegen findet das Abwandern von Kunden häufig unbemerkt statt und führt nicht nur zu einem eigenen Umsatzverlust, sondern auch zu einem Vorteil für die Konkurrenz.

Grundsätzlich gibt es für Unternehmen drei Aufgaben in Bezug auf die Kundenstrategie:

- Kundenneugewinnung
- Kundenpflege
- Kundenrückgewinnung

Dass Kundenneugewinnung deutlich teurer ist als Kundenpflege, ist eine alte Marketingweisheit. Ein klar gemessenes Verhältnis lässt sich nicht pauschal bestimmen. Als Daumenregel kann aber davon ausgegangen werden, dass die Kundenneugewinnung ca. 7- bis 10-mal mehr und die Kundenrückgewinnung ca. 3-mal mehr kostet als die Kundenpflege.

Diese Erkenntnis sollte bei Kundenbesuchsplänen berücksichtigt werden.

Im Bereich der Medizinindustrie sind die Kunden in der Regel nicht die Endverbraucher (BTC), sondern andere Unternehmen (BTB) wie Krankenhäuser, Apotheken, Arztpraxen etc. Erfolgt die Ausrichtung der Marketing- und Vertriebsmaßnahmen auf diese BTB-Kunden, wird von **Push-Selling** gesprochen. Die Produkte werden dem Kunden angeboten, der sie dann für seine Kunden oder Patienten verwendet. Marketingmaßnahmen, die direkt an den Endverbraucher adressiert sind, werden als **Pull-Selling** bezeichnet, da der Endverbraucher das Produkt aufgrund der Information und Werbung beim BTB-Kunden des eigenen Unternehmens nachfragt. Pull- und Push-Strategien können simultan angewandt werden, um den Effekt zu vergrößern.

Eine typische Verkaufsform, die selbstverständlich auch in der Medizinbranche nicht fehlen darf, ist das **Cross-Selling**.

Wir kennen dies von Fast-Food-Ketten mit dem typischen Spruch „Darf es hierzu noch ein Nachtisch sein?". Der Kunde erhält ein weiteres Angebot aus einer produktfernen Kategorie, welches vielleicht auch für ihn interessant sein könnte. Für die Firma oder den Verkäufer hat dies den Vorteil, dass der Aufwand für Cross-Selling relativ gering ist, da der Verkäufer ja bereits im Kundenkontakt steht. Ähnlich ist das **Up-Selling**. Hierbei erhält der Kunde die Option, das Produkt oder die Dienstleistung in der Premiumversion zu erstehen. Dies kennen wir z. B. aus der Garantieverlängerung bei technischen Geräten. Auch Up-Selling ist eine kosten- und zeiteffektive Form, um Umsatz zu steigern.

Ein häufig gebrauchter Begriff ist **Me-too-Produkte**. So werden Produkte oder Serviceleistungen bezeichnet, die keine wirkliche Innovation darstellen, sondern entwickelt oder angeboten werden, damit das Produktportfolio möglichst umfassend erscheint. Kunden bevorzugen Anbieter von Komplettlösungen. Einzigartige Produkte haben natürlich aufgrund der Einzigartigkeit einen Wettbewerbsvorteil. Jedoch kann es für eine Firma notwendig sein, ein größeres Portfolio an Produkten anzubieten, damit sie überhaupt etwas beim Kunden platzieren kann. Dies ist im BTB-Geschäft häufiger als im BTC-Geschäft der Fall.

Unter dem **Marketingmix** nach Kotler werden die vier oder fünf Säulen der Marketinginstrumente verstanden. Auf Englisch werden sie als die vier (oder fünf) „Ps" bezeichnet. Diese sind: Product, Price, Place, Promotion und (fünftens) Packaging.

Mit **Product** sind die Vorteile und Benefits des Produkts *für den Kunden* gemeint. Produkteigenschaften, die vom Kunden nicht oder kaum wahrgenommen werden, lassen sich nicht gut für Marketingzwecke verwenden.

**Price** beschreibt die Preisstrategie, die mit einem Produkt betrieben wird. Durch den Preis kann ein Produkt als Premium- oder Discountprodukt klassifiziert werden. Beides kann Vor- und Nachteile haben. Mit Premiumpreisen müssen weniger Produkte verkauft werden, um gleich viel Umsatz zu generieren. Jedoch können Kunden vom Preis abgeschreckt werden oder die Konkurrenz kann durch niedrigpreisige Vergleichsprodukte Kunden abwerben. Der Aufwand, der zu betreiben ist, um hochpreisige Produkte zu verkaufen, kann höher sein. Andererseits kann auch eine Strategie gefahren werden, bei der ein Produkt zunächst hochpreisig angeboten (Skimming) und im Verlauf der Preis gesenkt wird, um auch preissensitive Kunden zu gewinnen. Gefährlich wird diese Strategie jedoch, wenn Kunden der ersten Stunde das Gefühl bekommen, sie hätten zu viel gezahlt.

Eine Discountpreisstrategie zielt darauf, über den Preis zu verkaufen. Marketing- und Vertriebsmaßnahmen werden auf ein Minimum beschränkt. Der Umsatz wird durch das Verkaufsvolumen erreicht. Das Risiko für das Unternehmen besteht darin, dass es zu günstig verkauft, also Geld verschenkt. Eine Preiserhöhung ist den Kunden meist schwerer als eine Preissenkung zu vermitteln.

**Place** beschreibt die Distributionspolitik. Hier geht es darum, wie die Produkte an den Kunden gebracht werden. Dies kann durch Vermittler (Distributoren) oder Direktverkauf erfolgen. Auch die Frage, wo die Produkte angeboten werden, wird hier behandelt. Werden **Vermittler** zwischengeschaltet, handelt es sich meist um Groß- oder Einzelhändler oder eine Vertriebsagentur (Distributor). Auch diese können noch eigene Vermittler zwischenschalten. Vorteile dieses Weges sind eine großflächige Verteilung durch die Nutzung eines bestehenden Vertriebsnetzes. Nachteile sind der fehlende direkte Kundenkontakt, durch den wichtige Informationen über die Bedürfnisse der Kunden verloren gehen können. Auch müssen die Vermittler zunächst von dem eigenen Produkt überzeugt und geschult werden, da es in Ressourcenkonkurrenz zu dem bestehenden Produktportfolio des Vermittlers steht. Dieses kann durchaus auch Produkte des Wettbewerbs enthalten. Der Vermittler wird stets versuchen, die Produkte zu vertreiben, die mit dem geringsten Aufwand den größten Gewinn für ihn abwerfen. Dem kann zwar durch Exklusivverträge entgegengewirkt werden, das Unternehmen muss sich jedoch erst einmal in der Position befinden, dem Vermittler solche Verträge „aufzudrücken". Ein weiterer möglicher Nachteil besteht in den geringeren Verkaufsmargen bei der Nutzung eines vermittlerbasierten Vertriebswegs. Der Vermittler benötigt seinerseits eine Marge, um die Kosten für Vertrieb und Management zu decken und einen Gewinn zu generieren. Der Vorteil des **Direktverkaufs** liegt im direkten Kundenkontakt und damit in der Möglichkeit, direktes Kundenfeedback zu erhalten. Auch liegen dem Unternehmen so die Verkaufsdaten der einzelnen Kunden vor. Ein weiterer Vorteil besteht darin, dass die Marge direkt an das Unternehmen fließt, da keine Zwischenhändler bezahlt werden müssen. Direkter Verkauf findet z. B. in Ladenverkauf, Onlineshops, Versandhandel, Außendienstgeschäft, Fabrikverkauf und Ähnlichem statt.

Der Aspekt **Promotion** beschreibt die Kommunikationspolitik. Hierzu gehören Werbung (Print, Video, Online), Veranstaltungen, Sponsoring, Öffentlichkeitsarbeit, Messeauftritte, Markenpolitik und Produktschulungen für Mitarbeiter und Kunden. Ziel der Kommunikationspolitik ist es, die Aufmerksamkeit des Kunden zu erhalten und das Interesse an einem Produkt zu generieren, sodass im Kunden der Wunsch geweckt wird, das Produkt zu kaufen.

**Packaging** kann ein Teil der Kommunikationspolitik sein, aber auch durch die Bestimmung der Packungseinheit (also der Stückzahl pro Packung) weitere vertriebs- und logistikrelevante Aspekte beinhalten. Bei Einmalprodukten, die in größerer Stückzahl verbraucht werden, wie z. B. in der Pharmaindustrie Medikamente oder in der Medizintechnik K-Drähte oder Knochenanker, kann eine größere Stückzahl pro Packung für das Unternehmen oder den Kunden Vorteile bringen. Die Logistik- und Verpackungskosten werden durch größere Packungseinheiten gesenkt und diese Kostenersparnis kann auch an den Endkunden weitergegeben werden. Andererseits ist es auch möglich, dass der Kunde, obwohl das Produkt üblicherweise in größerer Stückzahl eingesetzt wird, nur eine geringere Anzahl benötigt. Dies kann dann den Lagerhaltungsaufwand z. B. für ein Krankenhaus als Endkunden wieder steigern. Da es für ein Unternehmen zusätzlichen Lageraufwand bedeutet, dasselbe Produkt in verschiedenen Verpackungsgrößen anzubieten, muss es versuchen, einen oder mehrere Verpackungsgrößen zu finden, die den Lageraufwand auf ein Minimum reduzieren und den Kundenwünschen trotzdem gerecht werden. Die Außenverpackung ist wichtig für den Wiedererkennungswert des Produkts. In der Medizinbranche gibt es bestimmte rechtliche Regelungen dazu, was auf der Verpackung angegeben und gekennzeichnet werden muss. Darüber hinaus können auf den Endkunden abgestimmte „Botschaften" durch Farbe, Text, Abbildungen etc. einen entscheidenden Beitrag zur Kommunikationspolitik leisten.

Die Kommunikationspolitik sollte sich an den Zielgruppen orientieren, da das Unternehmen ansonsten Gefahr läuft, Geld für Werbung am Ziel vorbeizuinvestieren. Meistens handelt es sich in der Medizinbranche nicht nur um eine Zielgruppe, da verschiedene Gruppen an einer Kaufentscheidung mitwirken. Daher kann es sinnvoll sein, sich eine Zielgruppenliste zu erstellen. Mögliche Zielgruppen sind z. B.:

- Ärzte in Krankenhaus oder Praxis
- Apotheken in Krankenhaus oder Ladengeschäft
- Anwender
- Familienangehörige

- Ärztenetzwerke und wissenschaftliche Gesellschaften
- Patientengruppen
- Großhandel
- Distributoren
- Drogeriemärkte
- Krankenhäuser
- Versicherungen
- Einkäufer (Krankenhaus)

Die Kommunikation sollte an den Zielgruppen ausgerichtet sein. Unterschiedliche Zielgruppen haben mit unterschiedlichen Problemstellungen zu tun, die das Produkt lösen soll. Wird der Aspekt eines Produkts dargestellt, die Zielperson sieht aber kein entsprechendes Problem, so wird sie auch den Vorteil des Produkts nicht erkennen.

Anhand der folgenden Übersicht kann die Kommunikation an die Wünsche der Zielgruppen angepasst werden:

- Ärzte
  - Patientenwunsch nach Gesundheit erfüllen
  - Rasche Besserung des Gesundheitszustands des Patienten
  - Eigene Absicherung bei der Behandlung durch Verwendung etablierter Methoden
  - Einfache Methoden
  - Zeitersparnis bei der Anwendung
  - Sicherheit bei der Anwendung
  - Kosteneffizienz und Wirtschaftlichkeit (besonders bei Praxisärzten)
  - Eigene Fort- und Weiterbildung
  - Unterstützung bei der Patientengewinnung (Patienten suchen den Arzt auf, da er eine bestimmte Methode anbietet)
- Apotheker
  - Hohe Kundenzahl
  - Aufgeklärte Kunden mit geringem Beratungsanspruch
  - Vorteilhafte Bezugskonditionen
  - Günstige Einkaufspreise
  - Einfache Retourenpolitik
  - Verkaufsunterstützung
    Verkaufsaufsteller
    Sonderangebote
    Handzettel

Warenproben

Treuerabatte

Schaufensterdekoration

- Möglichkeiten zum Cross-Over-Selling
- Kundenbindung
- Abhebung von der Konkurrenz
- Gute Informationsunterlagen
- Förderung der Beratungskompetenz
- Verkaufsschulung
- Patienten
  - Schnelle Wiederherstellung der Gesundheit
  - Möglichst nebenwirkungsfrei
  - Vertrauen
  - Geringe eigene Kosten
  - Sofortige Verfügbarkeit
  - Leicht verständliches Aufklärungsmaterial
  - Leichte Anwendung
  - Für Angehörige von Patienten: Leicht verständliche Botschaften, wie dem Angehörigen geholfen werden kann
- Ärztenetzwerke und wissenschaftliche Gesellschaften
  - Unterstützung bei wissenschaftlichen Unternehmungen
  - Kongressunterstützung
  - Aktuelle Studienergebnisse
  - Unterstützung bei der Anerkennung der Gesellschaft
- Großhändler, Distributoren und Zwischenhändler
  - Hohe Gewinnmargen durch niedrige Einkaufspreise und hohe Verkaufspreise
  - Schulung der Mitarbeiter zu Produkten und Verkauf
  - Geringe Lagerhaltungskosten
  - Ansprechende Werbematerialien
  - Unterstützung bei der Verkaufsförderung
  - Unterstützung bei der Endkundenbindung
  - Einfach zu verkaufende Produkte
  - Produkte mit Alleinstellungsmerkmalen
  - Produktproben
- Versicherungen und Einkäufer
  - Kostenersparnis
  - Sichere Methode
  - Erfüllung des Versorgungsauftrags

Wie bereits wiederholt angeführt, ist ein entscheidender Aspekt der Kommunikationspolitik die interne Kommunikation oder das interne Marketing. Eine Firma besteht aus einer Vielzahl von Mitarbeitern. Es ist wichtig, dass diese Mitarbeiter – vom Unternehmensführer bis zum Lagerarbeiter – von dem, was das Unternehmen tut, überzeugt sind und möglichst *eine* (Verkaufs-)Sprache sprechen. Dies kann am besten durch die Nutzung aller internen Kommunikationskanäle erreicht werden.

Ein Unternehmen hat eine Vielzahl von Informationen zu den Produkten, die es vertreibt. Von der Herstellungsdokumentation, über Studien zu Katalogen, Webseiteninformationen, Broschüren, Flyern etc. Für die Mitarbeiter insbesondere im Vertrieb ist es genauso schwer wie für die Kunden, aus diesem Informationsangebot die für den Verkauf relevanten Informationen herauszufiltern. Auch kann es für den einzelnen Mitarbeiter, insbesondere wenn er neu ins Unternehmen gekommen ist, schwierig sein, die Potenziale der einzelnen Produktgruppen zu erkennen. Um hier die strategischen Beschlüsse auch nach außen umzusetzen, muss zunächst einmal Werbung für die Produkte bei den Mitarbeitern gemacht werden, und zwar in einer Weise, die für die Mitarbeiter verarbeitbar ist. Es bringt nichts, den Mitarbeitern sämtliche Informationen „roh" vorzulegen und zu erwarten, dass sie sich schon durcharbeiten werden. Auch hier muss, angepasst an die Problemstellungen der Mitarbeiter, die auch wieder in Zielgruppen unterteilt werden können, Werbung/Information erfolgen.

In Unternehmen gibt es bestimmte Schlüsselpersonen, die die Kommunikation nach unten weitergeben können. Es bringt eher wenig, diesen Schlüsselpersonen von oben die Kommunikationsstrategien zu diktieren. Es ist notwendig, sie zu einem Teil der Strategieentwicklung zu machen, damit es *ihre* Strategie ist. Ansonsten kann es sein, dass man sich wundert, warum die schön ausgearbeitete Kommunikationsstrategie nicht von den Mitarbeitern umgesetzt wird. Daher sollten mindestens die Schlüsselpersonen nach ihrer Meinung gefragt werden.

Auch empfiehlt sich ein steter Kommunikationsfluss durch z. B. interne Newsletter. Wichtig ist hierbei die Kürze des Mailings. Vertriebsmitarbeiter haben meist nicht die Zeit, lange E-Mails zu lesen, die für sie von fraglicher Relevanz sind. Die Lesezeit sollte nicht mehr als eine Minute betragen.

### 5.2.3.4 Tipps für externe Newsletter

Während die Form interner Newsletter möglichst schlicht und hauptsächlich kurz und informativ sein sollte, empfiehlt es sich, bei externen Newslettern einige weitere wichtige Punkte zu beachten. Diese sind im Folgenden stichwortartig aufgeführt:

- Grundüberlegungen
  - Wer ist die Zielgruppe?
  - Welchen Nutzen hat die Zielgruppe von dem Newsletter?
  - Was ist besonders an der Information in dem Newsletter?
  - Was soll mit dem Newsletter erreicht werden?
- Umfang
  - Maximal 2000 bis 4000 Zeichen lang; kurz, klar, konkret und konstruktiv
- Name
  - Möglichst immer gleich, um den Erkennungswert zu sichern
- Überschrift
  - Neugierig machend in ca. 50 Zeichen
- Einleitender Text
  - Er sollte zum Weiterlesen animieren
- Perspektive
  - Der Leser sollte im Zentrum der Aussagen stehen; weniger vom Unternehmen aus als aus der Leserperspektive schreiben
- Positive Sätze
  - Verneinende Formulierungen wie „nicht", „kein" etc. vermeiden
- Lesernutzen herausstreichen
  - „Das hilft Ihnen …"
- Leicht zu verstehende Worte wählen
- Sorgfältig auf Rechtschreibfehler prüfen
- Kurze Zeilenlänge erleichtert das Lesen auf mobilen Endgeräten
- Bindestrich statt Bullet Point erleichtert das Lesen auf mobilen Endgeräten
- Vertrauenserweckende, am besten dem Leser bekannte, E-Mail-Absenderadresse verwenden
- E-Mail-Signatur am Ende mit komplettem Namen, Funktion und Kontaktdetails aufführen
- Links zur Webseite integrieren
- Download-Optionen für weiterführende Informationen integrieren
- Copyright integrieren
- Empfehlungs- und Weiterleitungshinweis integrieren
  - So können weitere Leser für den Newsletter gewonnen werden
- Link zum Abonnieren des Newsletters integrieren, damit Leser, die den Newsletter über eine Weiterleitung erhalten haben, ihn leicht abonnieren können
- Link integrieren, um den Newsletter abzubestellen
- Motivation zu einer Handlung des Lesers
  - Z. B. Kontakt mit dem Außen-/Innendienst aufnehmen
  - Bestellen

- Testversand an unterschiedliche E-Mail-Programme
- Anmeldung für den Newsletter auf der Startseite der Webseite integrieren
- Häufigkeit: Maximal einmal pro Woche, mindestens einmal pro Quartal
- Leistungskenngrößen des Newsletter überprüfen
  - Zustellquote
  - Öffnungsrate
  - Anklickrate der Firmenwebseite
  - Neu gewonnene Abonnenten
  - Abgemeldete Abonnenten

### 5.2.3.5 Kontinuität im Marketing

Wie beim normalen Lernen ist es auch im Marketing wichtig, Inhalte zu wiederholen. Dies steigert den Wiedererkennungswert und fördert das Platzieren der Information im Langzeitgedächtnis. Für denjenigen, der die Inhalte wiederholt, kann das langweilig und anstrengend sein, aber es ist eine notwendige Maßnahme, um eine Marke zu etablieren. Daher sollte sehr genau erwogen werden, wenn an der Kommunikationsweise eines Produkts etwas geändert wird, denn dies kann das gesamte Markenauftreten beeinflussen.

### 5.2.3.6 Customer Relationship Management (CRM)

Customer Relationship Management (CRM) ist eine Speicherung aller Kundendaten, Kontaktprotokolle Umsatzdaten, Angebote, Rechnungen und Markterhebungsdaten in einer Datenbank. Je nach Konfiguration und Integration der Datenbank in eine Softwareplattform können auch Anfahrtsbeschreibungen, Kunden in der Nähe etc. auf einer Karte angezeigt werden. Es gibt auch auf dem Tablet (iPad, Tablet-PC) verfügbare Softwareplattformen.

Vorteil eines CRM-Systems ist, dass jeder Mitarbeiter mit ein paar Mausklicken alle für ihn und den Kunden wichtigen Informationen abrufen kann.

Ein funktionierendes CRM-System ist auch Ausgangspunkt für eine Kundensegmentierung nach Wichtigkeit für das Unternehmen. Diese sogenannte Kundenrelevanz, die meist in ABC-Kunden aufgeteilt wird, wurde in Abschn. 5.2.1.1 Außendienst beschrieben.

### 5.2.3.7 Tätigkeiten eines Marketingmanagers

Es ist schwierig, das Spektrum der Tätigkeiten eines Marketingmanagers klar abzugrenzen, da es vielfältig und von der aktuellen Firmensituation abhängig ist. Daher werden im Folgenden Tätigkeiten aufgezählt, die durchaus nicht spezifisch für Marketingmanager sein müssen und auch keinen Anspruch auf Vollständigkeit erheben:

- Mitreisen beim Vertrieb oder Kundenbesuche. Hierbei Fokus auf mögliche Vertriebsunterstützung durch Erweiterung des Portfolios an Marketingmaterialien, Produkten, Schulungsangeboten für Kunden und Mitarbeiter, Preisgestaltungsmöglichkeiten etc.
- Organisation von Kongressauftritten mit gesamter und/oder Bereichsplanung und Besuch derselben
- Planung und Besuch von internen oder externen Workshops
- Erstellung oder Bearbeitung (z. B. Übersetzung/Anpassung) von Werbematerialien – Print, Multimedia, Video (Konzept, Beauftragung des Designers, Validierung, Freigabe)
- Erstellung und/oder Analyse von Umsatzberichten aus Marketingperspektive
- Planung von Marketingkampagnen, zusammen mit dem Vertrieb für eine bestimmte Produktgruppe und Region
- Zusammenarbeit mit der Verkaufsleitung bei der Erstellung von Strategien für die Gewinnung von Marktanteilen
- Erstellung von Informationsschreiben an die Kunden
- Bereitstellung weiterer Kunden- und Werbematerialien
- Planung, Vorbereitung und Durchführung von Schulungen für Mitarbeiter, um ihnen bestehende oder neue Produkte näherzubringen (internes Vermarkten)
- Erstellung von Marketingplänen, gegebenenfalls auch nur in Teilaspekten (Elemente eines Marketingplans: 1) Strategische Analyse, 2) Festlegung der qualitativen und quantitativen Ziele, 3) Strategiefestlegung, 4) Budgetierung, 5) Erfolgskontrolle [7])
- Anhand der erstellten Marketingpläne Beratung von Vertriebsmanagern, um die Ziele auch umzusetzen und zu erreichen
- Intensive Betreuung von Marktneueinführungen (ähnlich wie Produktmanagement)
- Beratung involvierter Abteilungen in Meetings zur Produktneuentwicklung, auf welche Faktoren unter Marketingaspekten zu achten ist (z. B. Packung, Logistik, Farbgestaltung, Stückmenge, Anwenderfreundlichkeit, Namensgebung, Branding etc.)
- Pflege kooperativer Zusammenarbeit mit Schlüsselkunden und Fachverbänden

Gerade im Marketing ist Kreativität und Kundenverständnis entscheidend. Gleichzeitig ist es wichtig, als Kunden nicht nur die externen Kunden, sondern alle Mitarbeiter als interne Kunden zu sehen und sie für die Firma, das Produkt, die Firmenphilosophie zu gewinnen. Je besser dies gelingt, desto mehr ist Marketing in die Firmenführung integriert und das Unternehmen kann dem Unternehmenszweck zielgerichtet dienen.

## 5.2.4 Schulung, Forschung und Wissenschaft

Gerade im Bereich der Medizinindustrie ist es für das Unternehmen und die Mitarbeiter wichtig, so nahe wie möglich auf Augenhöhe mit den Ärzten zu kommen. Daher betreiben viele Firmen eigene medizinische Ausbildungs- und Wissenschaftsabteilungen. Für Pharmafirmen gehört die medizinische Forschung zum Tagesgeschäft, aber auch Medizintechnikunternehmen betreiben oder unterstützen klinische Forschung.

Dieser Bereich eines Unternehmens ist individuell auf das Unternehmen zugeschnitten. Er kann die verschiedensten Tätigkeitsfelder umfassen, von Biotechnologie-Forschung und Biomechanik-Laboratorien über eigene Studiendurchführung bis zu Betreuung und Support von Fremdstudien, sodass eine verallgemeinernde Beschreibung eher schwierig ist. Auch die Schulung von Mitarbeitern kann in diesen Bereich fallen. Teilweise werden universitätsähnliche Strukturen in einer Firma aufgebaut. Dies ist deswegen erwähnenswert, weil solche Strukturen meist nur dazu dienen, das Kerngeschäft zu unterstützen und somit keine direkten Gewinne generieren, jedoch hohe Kosten erzeugen. Dennoch können diese Abteilungen für den Wettbewerbsvorteil eines Unternehmens wichtig sein. Denn einerseits kann es hierdurch autark forschen und andererseits auch die Forschungsergebnisse nutzen, um die eigenen Mitarbeiter auszubilden oder Kunden mit den wissenschaftlichen Ergebnissen zu überzeugen.

Da Unternehmen ganz entschieden auf Produktneuentwicklungen angewiesen sind, um langfristig zu bestehen, investieren sie in diesen Bereich.

Für Ärzte gibt es in solchen Unternehmensbereichen verschiedene Positionen, z. B. Medical Advisor, Clinical Specialist, Director of Research, Medical Education Manager, Research Manager etc.

## 5.3 Rechtliche Grundlagen

Die folgenden rechtlichen Aspekte sind in vereinfachter Form dargestellt. Dies ersetzt nicht die Verwendung der Originaltexte.

## 5.3.1 Heilmittelwerbegesetz

Dieses Gesetz findet Anwendung auf die Werbung für.

- Arzneimittel,
- Medizinprodukte im Sinne des § 3 des Medizinproduktegesetzes,
- andere Mittel wie z. B. kosmetische Mittel oder Gegenstände zur Körperpflege.

Unzulässig ist eine irreführende Werbung. Eine Irreführung liegt insbesondere dann vor,

- wenn Arzneimitteln, Medizinprodukten, Verfahren, Behandlungen, Gegenständen oder anderen Mitteln eine therapeutische Wirksamkeit oder Wirkungen beigelegt werden, die sie nicht haben,
- wenn fälschlich der Eindruck erweckt wird,
  - dass ein Erfolg mit Sicherheit zu erwarten ist,
  - bei bestimmungsgemäßem oder längerem Gebrauch keine schädlichen Wirkungen eintreten,
  - die Werbung nicht zu Zwecken des Wettbewerbs betrieben wird,
- wenn unwahre oder zur Täuschung geeignete Angaben gemacht werden über
  - die Zusammensetzung oder Beschaffenheit von Arzneimitteln, Medizinprodukten oder anderen Mitteln oder über die Art und Weise der Verfahren und Behandlungen,
  - die Person, Vorbildung, Befähigung oder Erfolge des Herstellers, Erfinders oder der für sie tätigen oder tätig gewesenen Personen.

Unzulässig ist eine Werbung, wenn

- Gutachten oder Zeugnisse veröffentlicht oder erwähnt werden, die nicht von wissenschaftlich oder fachlich hierzu berufenen Personen erstattet worden sind und nicht Angaben zu der Person, die das Gutachten erstellt oder das Zeugnis ausgestellt hat, sowie den Zeitpunkt der Ausstellung des Gutachtens oder Zeugnisses enthalten,
- auf wissenschaftliche, fachliche oder sonstige Veröffentlichungen Bezug genommen wird, ohne dass aus der Werbung hervorgeht, ob die Veröffentlichung das Arzneimittel, das Verfahren, die Behandlung, den Gegenstand oder ein anderes Mittel selbst betrifft, für das geworben wird, und ohne dass der Name des Verfassers, der Zeitpunkt der Veröffentlichung und die Fundstelle genannt werden,

- aus der Fachliteratur entnommene Zitate, Tabellen oder sonstige Darstellungen nicht wortgetreu übernommen werden.

Außerhalb der Fachkreise darf für Arzneimittel, Verfahren, Behandlungen, Gegenstände oder andere Mittel nicht geworben werden

- mit Angaben oder Darstellungen, die sich auf eine Empfehlung von Wissenschaftlern, von im Gesundheitswesen tätigen Personen, von im Bereich der Tiergesundheit tätigen Personen oder anderen Personen beziehen, die aufgrund ihrer Bekanntheit zum Arzneimittelverbrauch anregen können,
- mit der Wiedergabe von Krankengeschichten sowie mit Hinweisen darauf, wenn diese in missbräuchlicher, abstoßender oder irreführender Weise erfolgt oder durch eine ausführliche Beschreibung oder Darstellung zu einer falschen Selbstdiagnose verleiten kann,
- mit einer bildlichen Darstellung, die in missbräuchlicher, abstoßender oder irreführender Weise Veränderungen des menschlichen Körpers aufgrund von Krankheiten oder Schädigungen oder der Wirkung eines Arzneimittels im menschlichen Körper oder in Körperteilen verwendet,
- mit Werbeaussagen, die nahelegen, dass die Gesundheit durch die Nichtverwendung des Arzneimittels beeinträchtigt oder durch die Verwendung verbessert werden könnte,
- durch Werbevorträge, mit denen ein Feilbieten oder eine Entgegennahme von Anschriften verbunden ist,
- mit Veröffentlichungen, deren Werbezweck missverständlich oder nicht deutlich erkennbar ist,
- mit Äußerungen Dritter, insbesondere mit Dank-, Anerkennungs- oder Empfehlungsschreiben, oder mit Hinweisen auf solche Äußerungen, wenn diese in missbräuchlicher, abstoßender oder irreführender Weise erfolgen,
- mit Werbemaßnahmen, die sich ausschließlich oder überwiegend an Kinder unter 14 Jahren richten,
- mit Preisausschreiben, Verlosungen oder anderen Verfahren, deren Ergebnis vom Zufall abhängig ist, sofern diese Maßnahmen oder Verfahren einer unzweckmäßigen oder übermäßigen Verwendung von Arzneimitteln Vorschub leisten,
- durch die Abgabe von Arzneimitteln, deren Muster oder Proben oder durch Gutscheine dafür,
- durch die nicht verlangte Abgabe von Mustern oder Proben anderer Mittel oder Gegenstände oder durch Gutscheine dafür.

### 5.3.2    Arzneimittelgesetz und Medizinproduktegesetz

Diese Gesetze regeln den Verkehr von Arzneimitteln und Medizinprodukten.
Für Arzneimittel:

- Ordnungsgemäße Arzneimittelversorgung von Mensch und Tier
- Sicherheit, Qualität, Wirksamkeit und Unbedenklichkeit

Für Medizinprodukte:

- Sicherheit, Eignung und Leistung der Medizinprodukte
- Gesundheit und erforderlicher Schutz der Patienten, Anwender und Dritter

---

## 5.4    Schlußwort

Ich möchte mich an dieser Stelle ganz herzlich bei dem Leser bedanken, dass er
sich für diese Thema und mein Buch interessiert und hoffe, dass es ist mir gelun-
gen ist, interessante Informationen zusammenzutragen und zu präsentieren. Über
Rückmeldungen und Anmerkungen würde ich mich freuen.

Ich wünsche allen Leser einen erfolgreichen Berufsweg und viel Freude bei
der Arbeit, sei es nun im Krankenhaus, Praxis, Universität/Hochschule, Wirtschaft oder einer anderen Tätigkeitsumgebung.

Ihr
Dr. med. Christian Renner, MBA

---

## Literatur

1. Aachener Kompetenzzentrum Medizintechnik – AKM und AGIT mbH Deutsche
   Gesellschaft für Biomedizinische Technik im VDE und Konsortialpartner im Auftrag
   des Bundesministeriums für Bildung und Forschung (BMBF). (2005). Situation der
   Medizintechnik in Deutschland im internationalen Vergleich; Umfang und Struktur
   des Gründungsgeschehens in der Medizintechnik nach Produktgruppen. http://www.
   gesundheitsforschung-bmbf.de/de/921.php. Zugegriffen: 27. Nov. 2015.
2. Bundesverband der Pharmazeutischen Industrie e. V. (BPI). (2012). Pharma-Daten 2012
   (42. überarbeitete Aufl.); http://www.bpi.de/fileadmin/media/bpi/Downloads/Internet/
   Publikationen/Pharma-Daten/Pharmadaten_2012_DE.pdf. Zugegriffen: 27. Nov. 2015.
3. Harms, F., & Drüner M. (2002). *Pharmamarketing: Innovationsmanagement im 21.
   Jahrhundert*. Deutschland: Lucius & Lucius: ISBN 3828202039, 9783828202030.

4. http://eur-lex.europa.eu/legal-content/DE/TXT/PDF/?uri=CELEX:31993L0042&from=EN. Zugegriffen: 27. Nov. 2015.
5. http://ec.europa.eu/consumers/sectors/medical-devices/files/meddev/2_4_1_rev_9_classification_en.pdf. Zugegriffen: 27.Nov. 2015.
6. Feldmann, H. (2007). *Acht Stufen zum Verkaufserfolg: Zur Spitzenklasse im Außendienst Key-Account-Verkauf* (1. Aufl.). Wein: Signum.
7. Homburg, C., Kuester, S., & Krohmer, H. (2009). *Marketing management – A contemporary perspective* (1. Aufl.). London: McGraw-Hill.
8. Kotler, P., Rackham N., & Krishnaswamy S. (2006). Ending the war between sales and marketing. *Harvard Business Review*. https://hbr.org/2006/07/ending-the-war-between-sales-and-marketing. Zugegriffen: 27. Nov. 2015.
9. MEDCERT GmbH, Pilatuspool 2, 20355 Hamburg. http://www.medcert.de/konformitaetsbewertung. Zugegriffen: 27. Nov. 2015.
10. Umbach G. (2013). *Erfolgreich im Pharma-Marketing: Wie Sie Ärzte, Apotheker, Patienten, Experten und Manager als Kunden gewinnen.* Springer: Wiesbaden.

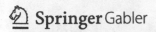

Printed in the United States
by Bookmasters

Printed in the United States
By Bookmasters